은행 지점장이 들려주는
연금이야기

은행 지점장이 들려주는
연금이야기

ⓒ 유정훈, 2025

초판 1쇄 발행 2025년 10월 31일

지은이	유정훈
펴낸이	이기봉
편집	좋은땅 편집팀
펴낸곳	도서출판 좋은땅
주소	서울특별시 마포구 양화로12길 26 지월드빌딩 (서교동 395-7)
전화	02)374-8616~7
팩스	02)374-8614
이메일	gworldbook@naver.com
홈페이지	www.g-world.co.kr

ISBN 979-11-388-4854-1 (03320)

- 가격은 뒤표지에 있습니다.
- 이 책은 저작권법에 의하여 보호를 받는 저작물이므로 무단 전재와 복제를 금합니다.
- 파본은 구입하신 서점에서 교환해 드립니다.

국민연금·퇴직연금·개인연금 한 권으로 끝내기

은행 지점장이 들려주는
연금이야기

연금 투자자가 반드시 알아야 할 제도와 특징

쉽게 설명하는 연금에 주어지는 세제 혜택

유정훈 지음

"은퇴 준비, 연금이 답이다"

월급이 끊겨도, 현금흐름은 계속되어야 한다.
국민연금부터 개인연금까지, 노후의 해답을 한 권에
31년 경력의 은행지점장 출신이 전하는 현실적인 연금 활용법

신한은행
오건영 팀장
추천도서

좋은땅

서문

기대수명은 점점 늘어나고 있습니다. 그러나 은퇴 시기는 오히려 빨라지면서 많은 사람들이 노후에 대한 불안과 걱정을 안고 살아갑니다. "얼마나 오래 살게 될까, 노후 자금은 충분할까?"라는 질문은 이제 누구에게나 현실적인 과제가 되었습니다.

저 역시 금융 현장에서 오랜 시간 자산관리를 해 왔지만, 같은 질문을 스스로에게 던지게 되었습니다. 저는 은행에서 31년간 근무했고, 그중 많은 시간을 PB(Private Banking) 분야에서 보내며 부자 고객들의 자산을 관리했습니다. PB로서 고객 자산을 관리했고, PB센터장으로서는 은행의 자산관리 전략을 수립하며 주요 고객들을 관리했습니다.

퇴직이 다가오면서는 고객들의 자산은 잘 관리해 왔지만 정작 나 자신의 노후 준비는 충분한지 되돌아보게 되었습니다. 이 같은 고민이 계기가 되어 노후 준비에 관심을 갖고, 특히 연금에 대해 공부하기 시작했습니다. 연금을 살펴보면서 우리나라 연금 제도만 잘 활용해도 노후 준비에 큰 도움이 된다는 확신을 가지게 되었습니다. 이후 기업체와 군부대에서 연금 강의를 하고 글을 쓰며 경험과 지식을 나누었습니다. 이 책 역시 같은 목적에서, 노후를 준비하는 분들이 우리나라 연금의 구조와 특징을 이해하고 효과적으로 활용할 수 있도록 알기 쉽게 정리했습니다.

오랜 기간 자산관리 업무를 하며 얻은 교훈이 있습니다. 특정 시점에 맞춰 자산을 매수해 큰 수익을 거두는 것은 쉽지 않을 뿐 아니라 장기적으로 의미가 크지 않습니다. 특히 노후 자산은 원칙을 지키며 장기적으로 운용하는 것이 중요합니다. 본인의 투자 성향에 맞는 포트폴리오를 만들고, 정기적으로 리밸런싱하며 꾸준히 투자하는 것이 바람직합니다. 그래서 이 책에서는 특정 투자 기법이나 상품을 소개하기보다, 연금 투자자가 반드시 알아야 할 제도와 특징, 그리고 연금에 주어지는 세제 혜택을 알기 쉽게 설명하는 데 중점을 두었습니다.

평소에도 많은 도움을 주시고, 이번 책에서는 세금 부분을 꼼꼼히 검토해 주신 법무법인 화우의 조형래 전무님께 깊이 감사드립니다. 그리고 언제나 응원과 격려를 아끼지 않은 아내 미경, 든든하고 자랑스러운 아들 동권이와 딸 나영이에게 고마운 마음을 전합니다.

이 책이 은퇴를 준비하는 여러분께 "연금이 답이다"라는 확신을 드릴 수 있기를 바랍니다.

2025년 8월

차례

서문   4

PART 1.
연금. 왜 노후의 답인가?   11

1. 노후 빈곤율 1위, 한국 은퇴의 불편한 진실   12
2. 20대부터 시작해야 연금이 달라진다   19
3. 10억을 모아도 불안한 이유, 현금흐름이 없다면   24
4. 안정된 노후를 약속하는 숨은 힘, 연금   28
5. 연금, 이름은 같아도 속은 다르다   31

PART 2.
국민연금. 평생 월급의 출발점   35

1. 국민연금, 국가가 보장하는 평생 월급   36
2. 국민연금, 과연 받을 수 있을까?   41
3. 국민연금, 이 기본만 알면 훨씬 쉬워진다   45
4. 국민연금 많이 받으려면? 가입기간이 답이다   51
5. 납부는 의무지만, 수령은 전략이다   57
6. 사랑이 남긴 마지막 배려, 유족연금   63

7. 연금 맞벌이 부부, 꼭 알아야 할 선택의 법칙   66

8. 이혼하면 국민연금도 나눌 수 있을까?   70

9. 국민연금, 지금 받을까, 나중에 받을까?   74

10. 몰라서 못 쓰는 국민연금 보험료 지원 4가지   81

11. 국민연금과 군인연금 같이 받기   85

12. 소득이 많으면 국민연금을 못 받는다? 진실과 해법   89

PART 3.
기초연금. 노후의 최소한을 지켜 주는 안전망   93

1. 보험료 한 푼 안 내고 받는 연금, 기초연금의 비밀   94

2. 옆집은 받는데 나는 왜 안 돼? 기초연금 선정의 진짜 기준   99

3. 기초연금, 우리 집은 실제로 얼마 받을까?   106

4. 몰라서 못 받는 기초연금, 꼭 알아야 할 6가지 팁   109

5. 국민연금 많이 받으면 기초연금이 줄어든다?   112

PART 4.
퇴직연금. 회사가 준비해 주는 두 번째 연금   115

1. 퇴직금에서 퇴직연금으로, 달라진 노후 자산의 법칙   116

2. DB형 vs DC형, 퇴직연금의 두 갈림길   119

3. IRP, 퇴직연금의 숨은 보너스 통장   123

4. 2.7%의 벽, 디폴트옵션으로 뛰어넘기   128

5. TDF, 은퇴 시점에 맞춘 자동 투자   133

6. 퇴직금, 바로 써도 IRP로 받는 게 유리하다	140
7. 퇴직금 수령의 황금법칙: 연금으로 받으라	145
8. 퇴직금, 세금 떼고 나면 얼마 남을까?	148
9. 모르면 손해, 아는 만큼 돌려받는 퇴직소득 세액정산	153

PART 5.
개인연금. 스스로 키우는 나만의 노후 자산   157

1. 개인연금. 기초부터 제대로 알아보기	158
2. 연금저축. 펀드·보험·신탁 한눈에 비교하기	164
3. 연금저축보험과 연금보험, 뭐가 다를까?	169
4. 연금저축펀드·IRP. 닮은 듯 다른 두 연금계좌	175
5. 연금저축·IRP. 수령 한도와 세금 이해하기	180
6. 연금계좌 이체, 손해 없이 갈아타기	186
7. ISA, 이 상품을 놓치면 후회하실 겁니다	189
8. 연금 3총사, 최적의 배분 전략	197
9. ETF. 연금계좌에서 꼭 알아야 할 투자 가이드	200

PART 6.
주택연금·농지연금, 집과 땅이 연금이 되는 마법   207

1. 집은 지키고 노후는 지탱한다	208
2. 나이와 집값에 따라 달라지는 월지급액	210
3. 배우자를 지켜 주는 신탁방식 주택연금	216

4. 주택연금. 든든함과 아쉬움, 장단점 완전 정리	**219**
5. 농지연금, 내 땅이 평생 월급이 된다	**224**
6. 농지연금의 장점과 단점	**228**
7. 농지연금. 지금 농업인이 아니어도 준비할 수 있다	**232**
8. 임야도 연금이 된다? 산지연금	**236**

PART 7.
연금과 세금 그리고 건강보험료   **239**

1. 연금도 세금을 내나요?	240
2. 국민연금 연금소득세 계산, 사례로 쉽게 이해하기	244
3. 연금저축, 연금소득세 계산 사례	250
4. 연금과 건강보험료	254
5. 소득·재산에 따라 달라지는 은퇴자의 건강보험료	258
6. 은퇴 후 건강보험료, 이렇게 줄일 수 있다	263

PART 8.
연금을 활용한 은퇴 준비 사례   **269**

PART 1.

연금.
왜 노후의 답인가?

1.
노후 빈곤율 1위, 한국 은퇴의 불편한 진실

여러분은 은퇴 후 어떤 삶을 꿈꾸시나요? 공기 좋은 시골에서 전원생활을 하는 모습일 수도 있고, 도시에서 편리하게 지내는 모습일 수도 있습니다.

저도 은퇴 후의 일상을 이렇게 상상합니다. 아침에는 동네 뒷산을 산책하고, 낮에는 커피 한 잔과 책으로 시간을 보내며, 저녁에는 아내와 함께 맛있는 식사를 하고 새로 나온 영화를 보며 하루를 마무리하는 삶입니다. 이런 여유롭고 따뜻한 은퇴 생활, 누구나 한 번쯤 꿈꿔 보셨을 겁니다.

하지만, 우리의 현실은 그 꿈과는 조금 다릅니다. 2024년 12월, 국민연금연구원이 발표한 자료[1]에 따르면 우리나라 60대 중 63.8%는 여전히 경제활동을 하고 있습니다. 그 이유는 무엇이었을까요?

구직자 중 단 19.8%만이 "보람 있고 활기찬 삶을 위해"라고 답했고, 69.6%는 "생계를 위해", 10.7%는 "노후 대비"를 위해 일한다고 답했습니다. 결국 다수는 일하고 싶어서가 아니라, 안 하면 살 수 없기 때문에 일하

---

1) 제10차 국민노후보장패널조사

고 있다는 이야기입니다.

'은퇴 후에도 하고 싶은 일을 하며 여유롭게 사는 삶'은 분명 이상적입니다. 하지만 생계를 위해 억지로 일해야만 하는 현실이라면, 그건 고단한 노년일 수밖에 없습니다. 게다가 60대 취업자의 3분의 1에 해당하는 35.4%는 월급이 200만 원 이하입니다. 이는 부부 기준 '최소 노후 생활비'인 251만 원에도 미치지 못하는 수준입니다.[2] '적정 생활비' 369만 원과 비교하면 더 큰 격차죠.

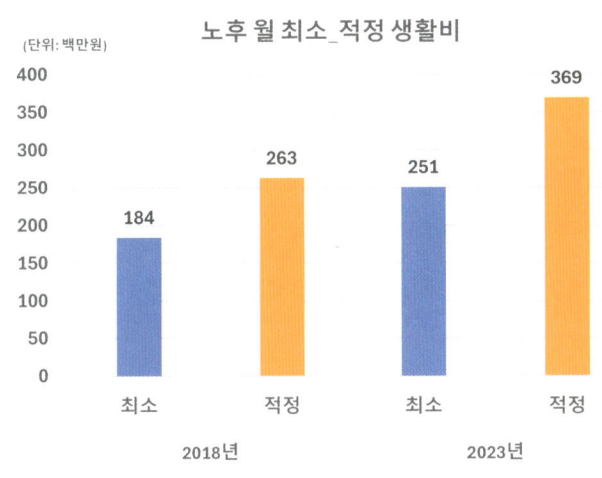

(출처: KB금융지주 금융연구소 자료 활용 차트 작성)

이러한 현실은 빈곤 통계에서도 그대로 드러납니다.

통계청 자료에 따르면, 2022년 기준 우리나라 노인의 상대적 빈곤율은 무려 39.7%. OECD 회원국 중 1위입니다.

---

2) 출처, KB금융지주 경영연구소(2023), 〈2023 KB골든라이프 보고서〉, p 23

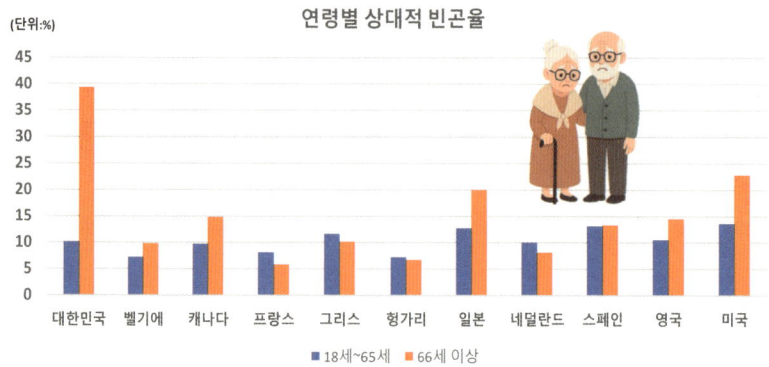

(출처: 통계청, 2024 고령자 통계 자료 활용 차트 작성)

한국 노인의 상대적 빈곤율[3]이 높다고 해서, 단순히 우리나라 노인들이 절대적으로 더 가난하다는 뜻은 아닙니다. 예를 들어, 그리스는 노인 빈곤율이 한국의 4분의 1 수준에 불과할 정도로 낮지만, 1인당 GDP[4]는 한국의 60%에 머뭅니다. 국민 전체의 소득 수준은 우리보다 낮다는 얘기죠.

중요한 건 '노인이 되면서 얼마나 가난해지는가'입니다. 한국은 65세 이전의 상대적 빈곤율이 10.1%로 비교적 낮은 편이지만, 65세 이후에는 무려 40% 가까이 치솟습니다. 반면, 그리스는 은퇴 후 오히려 빈곤율이 낮아집니다. 젊었을 때보다 노인이 되어 경제적으로 더 나아지는 셈이죠.

이 차이를 만든 건 '제도'입니다. 유럽 국가들은 공적 연금과 복지 시스템 덕분에 은퇴 후에도 일정 수준의 소득을 안정적으로 이어갑니다. 반면, 우리나라는 공적 연금이 충분하지 않아 젊은 시절부터 철저히 준비하

---

[3] 전체 인구 중 중위소득의 50% 또는 60% 이하인 인구의 비율, OECD자료는 50%를 적용. 2025년 기준 1인가구 중위소득 2,392,013원

[4] 2022년 1인당 GDP 한국 USD 34,822.41, 그리스 USD 20,942.38. 통계청 KOSIS

지 않으면 노후 빈곤의 위험에 쉽게 노출될 수 있습니다.

　일본도 예외는 아닙니다. 한국보다 노인 복지 제도는 상대적으로 앞서 있지만, 노후 준비가 부족한 많은 고령자들이 경제적 어려움을 겪고 있습니다. 제도가 어느 정도 받쳐 줘도 개인의 준비 없이는 안심할 수 없는 게 바로 '노후'입니다.

　2015년 무렵 일본 사회에서는 '하류노인(下流老人)'이라는 개념이 큰 화제를 불러일으켰습니다. 이 개념은 노후 빈곤이 단순히 일부 취약계층의 문제가 아니라, 누구에게나 닥칠 수 있는 현실임을 보여 주었습니다. 안정된 직장을 가진 사람들조차 갑작스러운 질병, 예상치 못한 의료비, 자녀의 경제적 의존, 황혼 이혼 같은 변수 앞에서 쉽게 균형을 잃을 수 있다는 사실이 크게 드러난 것이죠.

　노후의 경제적 빈곤은 젊은 시절보다 훨씬 더 무섭습니다. 생활비 중 의료비가 차지하는 비중이 커지고, 적절한 치료를 받지 못하면 건강뿐 아니라 정신도 무너집니다. 우울증, 무기력, 그리고 더 나아가 삶을 포기하고 싶은 마음까지 밀려올 수 있습니다. 실제로 우리나라 노인의 자살률은 OECD 회원국 중 가장 높은 수준입니다. OECD 평균이 인구 10만 명당 10.6명인데, 한국은 22.6명으로 두 배가 넘습니다. 눈에 띄는 것은 80세 이상 고령층에서 자살률이 인구 10만 명당 60.6명에 달해, 그 심각성이 한층 더 크다는 점입니다.

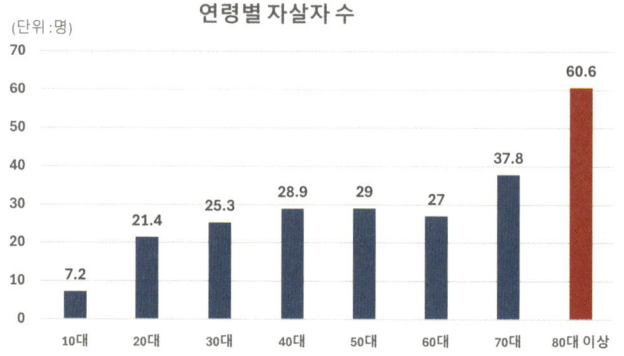

(출처: 보건복지부 보도자료 2023. 9. 21. 활용 차트 작성)

왜 이런 일이 벌어질까요? 조사[5]에 따르면, 노인이 자살을 고민하는 가장 큰 이유는 '경제적 어려움'(27.7%)과 '건강 문제'(27.6%)였습니다. 두 가지 이유 모두 연금과 같은 안정적인 소득이 부족할 때 더욱 심각해집니다.

2023년 기준, 우리나라 노인 한 명이 한 달 동안 지출한 평균 의료비는 45만 원을 넘습니다. 수입 없이 이 비용을 감당하는 건, 상상보다 훨씬 힘든 일입니다.

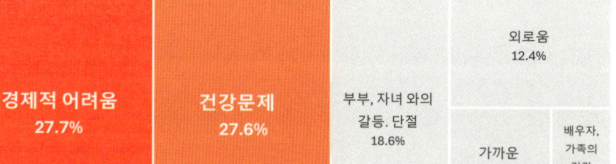

(출처: 한국보건사회연구원 자료 활용 차트 작성)

---

5) 2017 National Survey of Older Koreans, 한국보건사회연구원

(출처: 2023년 건강보험 통계연보 자료 활용 차트 작성)

그래서 안정적인 연금과 체계적인 노후 준비는, 선택이 아니라 생존의 조건입니다. 특히 연금은 노후의 삶의 질을 지키기 위한 가장 기본이자 강력한 장치입니다. 은퇴가 아직 멀게만 느껴질 때, 우리는 지금의 일상이 마치 영원할 것처럼 믿고 살아갑니다. 매달 들어오는 월급, 주말의 여유, 익숙한 소비 습관까지… 지금처럼 살 수 있을 거라고 말이죠.

하지만 은퇴는 생각보다 빠르게 다가오고, 준비되지 않은 노후는 '황금기'가 아니라 '생존기'가 될 수 있습니다. 경제적으로 잘 준비된 은퇴는, 말 그대로 인생의 제2막을 여는 아름다운 시간입니다. 하고 싶은 일을 하며, 누리고 싶은 여유를 진짜 누릴 수 있는 시간 말입니다. 하지만 준비 없이 맞이한 노후는 냉혹합니다.

한때 익숙했던 삶의 패턴은 무너지고, 선택이 아닌 생존의 문제로 하루하루를 살아가게 됩니다. 1800년대 아일랜드 작가 오스카 와일드는 이렇게 말했습니다.

"젊었을 때는 돈이 인생에서 가장 중요하다고 생각했지만, 나이가 들어 보니 그 생각이 사실이었다."

가슴 아프지만, 현실입니다. 노후의 경제적 안정은 단순한 '돈의 문제'가 아니라 '삶의 품격'과 '존엄'의 문제입니다. 지금은 잘 살고 있다고 해도, 준비가 없다면 그 삶은 오래가지 않습니다. 은퇴가 멀게 느껴질수록, 준비는 더 가까이해야 합니다.

2.
20대부터 시작해야 연금이 달라진다

『명심보감』 성심편에는 이런 말이 나옵니다.

"대부유천, 소부유근(大富由天 小富由勤)"

큰 부자는 하늘이 내리지만, 작은 부자는 근면으로 이룰 수 있다는 뜻입니다. 재벌처럼 큰 부자가 되지 않더라도 꾸준히 노력하면 경제적으로 안정된 생활을 누릴 수 있다는 이야기죠.

노후 준비도 마찬가지입니다. 성실하게 미리 준비하면 훨씬 수월하게 목표에 다가갈 수 있습니다.

저 역시 연금에 대해 공부하면서 알게 됐습니다. 은퇴 준비는 가능하면 20대부터, 최대한 빠른 시기에 시작해야 한다는 점을요. 물론 "아직 소득도 없는데 벌써 노후를?" 하는 20대도 있겠지만, 사실 이 시기가 가장 중요한 시점입니다. 그 이유는 네 가지입니다.

첫째, 국민연금 가입기간을 최대화할 수 있습니다.

국민연금은 국가가 법[6]으로 지급을 보장하는 제도입니다. 민간 연금과는 비교가 안 되는 안정성과 수익률을 갖고 있죠. 그리고 이 연금의 수령액을 늘리는 가장 확실한 방법은 바로 '가입기간'을 늘리는 것입니다.

우리나라의 국민연금 평균 가입 기간은 20년이 채 되지 않습니다. 반면 유럽 국가들은 대부분 평균 30년 이상을 가입합니다. 가입 기간이 짧은 만큼, 수령액도 자연히 낮아질 수밖에 없습니다. 국민연금은 10년 이상 납입해야 연금으로 받을 수 있고, 20년을 채워야 지급률 100%, 40년을 채워야 법정 소득대체율을 온전히 적용받을 수 있습니다. 가입은 만 18세부터 가능하고, 소득이 없더라도 임의가입자로 시작할 수 있습니다. 2025년 기준 최소 보험료는 9만 원으로, 부모가 대신 납입해도 증여세 문제가 되지 않는 정도의 금액입니다. 참고로, 저의 딸도 사관학교에 재학 중이지만 임의가입자로 국민연금을 꾸준히 납부하고 있습니다.

군 생활을 계속하게 되면 군인연금을 받을 수 있지만, 진로가 바뀌어 중간에 전역하게 될 경우에는 '공적연금연계제도'를 통해 군인연금과 국민연금을 합산하여 연금 가입연수를 늘릴 수 있습니다. 이처럼 가능한 한 빠르게, 그리고 유연하게 준비하면 나중에 연금 수령액에서 또래보다 훨씬 더 유리한 출발선을 확보할 수 있게 됩니다.

둘째, 금융 감각을 일찍 키울 수 있습니다.

'금융문맹'이라는 말, 한 번쯤 들어 보셨을 겁니다. 미국 연준 의장을 역

---

[6] 제3조의2(국가의 책무) 국가는 이 법에 따른 연금급여의 안정적이고 지속적인 지급을 보장하여야 하며, 이에 필요한 시책을 수립·시행하여야 한다. 〈개정 2025. 4. 2.〉

임했던 앨런 그린스펀은 이렇게 말했습니다. "문맹은 생활을 불편하게 하지만, 금융문맹은 생존을 어렵게 만든다." 요즘 젊은 세대도 금융에 관심이 많아졌지만, 정작 제대로 된 금융 교육은 여전히 부족한 상황입니다. 학교에서 배우는 건 한계가 있고, 사회 초년생이 된 후에야 신용, 투자, 세금 같은 현실적인 문제에 직면하게 되죠.

하지만 20대부터 은퇴 준비를 시작하면 자연스럽게 연금저축, 펀드, ETF 같은 금융상품과 마주하게 됩니다. 적은 금액으로도 저축과 투자를 경험하면서 돈의 흐름, 리스크 관리, 복리의 힘 같은 개념을 체감하게 됩니다. 이런 경험은 단순한 금융 지식을 넘어 자산을 안전하게 운용하고, 스스로 노후를 설계할 수 있는 힘으로 이어집니다.

셋째, 장기투자의 위력을 직접 체험할 수 있습니다.

투자에서 가장 강력한 무기는 '시간'입니다. 짧은 기간엔 시장이 출렁이지만, 긴 시간은 손실의 확률을 줄여 줍니다. 미국의 투자 전략가 리처드 번스타인은 10년 이상 투자하면 손실 확률이 '0%'에 가까워진다고 말합니다.[7] 단기 수익은 예측하기 어렵지만, 장기 수익은 예측 가능한 영역에 들어가는 것이죠.

---

7)   에프앤미디어 "소음과 투자"

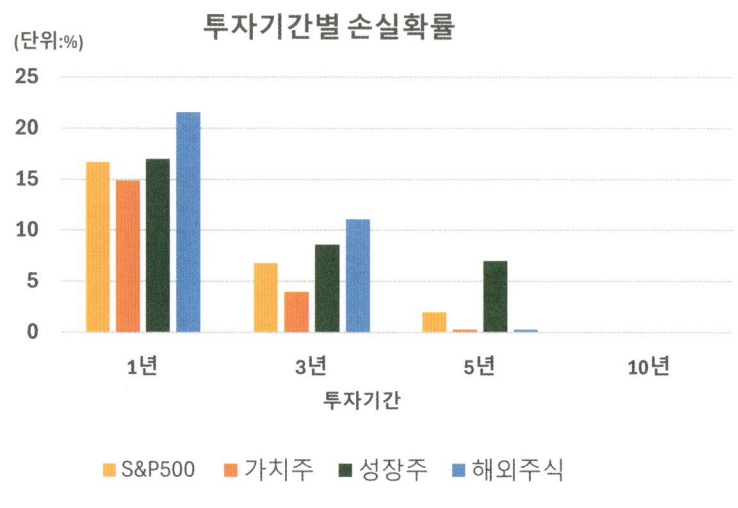

(출처: 리처드 번스타인 저서. "소음과 투자" 자료 활용 챠트 작성)

특히 KOSPI나 S&P 500 같은 지수를 추종하는 ETF에 장기 분산 투자하면 안정적인 수익률도 확보할 수 있습니다. 여기에 복리의 힘이 더해지면 결과는 훨씬 더 커집니다. 복리는 시간이 흐를수록 눈덩이처럼 불어나는 힘을 가집니다. 짧은 기간에는 미미하게 느껴지지만, 시간이 길어질수록 자산 증식의 속도는 점점 가속이 붙습니다. 일찍 시작한 투자는 이 복리의 가속력을 오롯이 누릴 수 있다는 점에서 큰 차이를 만들어 냅니다. 연금저축은 장기투자에 아주 적합한 수단입니다. 세액공제 혜택도 받고, 세금도 나중에 내는 '과세이연' 구조 덕분에 복리 효과가 극대화됩니다.

넷째, 소비 습관보다 저축 습관이 먼저 자리를 잡습니다.

안정적인 노후를 꿈꾸지만, 그걸 위해 지금 소비를 줄이는 일은 쉽지 않죠. 특히 "지금 즐기자"는 욜로(YOLO) 문화 속에서 미래를 위해 돈을 묶는 일은 인내와 결단이 필요합니다.

그리스 신화에 나오는 오디세우스를 떠올려 보세요. 사이렌의 유혹을 이겨 내기 위해 그는 스스로를 돛대에 묶었습니다. 오디세우스가 돛대에 자신을 묶었듯, 우리는 저축부터 고정해 두는 선택이 필요합니다. "남은 돈으로 저축하자"가 아니라 "저축하고 남은 돈으로 쓰자"는 태도가 20대부터 익숙해지면 그 사람의 인생은 달라질 수밖에 없습니다.

벤자민 프랭클린은 이렇게 말했습니다.

"준비에 실패하는 것은, 곧 실패를 준비하는 것이다."

지금의 소비를 조금 줄이고 저축을 시작하는 것, 그 작고 단순한 결단이 수십 년 뒤 우리의 삶을 완전히 바꿔 놓을 수 있습니다.

3.
10억을 모아도 불안한 이유, 현금흐름이 없다면

　많은 사람들은 은퇴 후 경제적으로 안정된 삶을 떠올릴 때, 가장 먼저 '목돈'을 떠올립니다. "은퇴하려면 최소 10억 원은 있어야 한다"는 식의 목표를 세우고, 그 금액을 채우기 위해 부지런히 자산을 모으죠.

　하지만 정작 은퇴 이후 삶의 질을 결정짓는 핵심은 자산 총액이 아니라 매달 꾸준히 들어오는 현금흐름입니다. 목돈은 겉보기엔 든든해 보이지만, 소득이 끊긴 은퇴 후에는 생활비로 조금씩 꺼내 쓰다 보면 생각보다 빠르게 줄어들 수밖에 없습니다.

　예를 들어 1억 원을 가지고 있더라도 매달 200만 원씩 꺼내 쓰면 4년 정도면 바닥이 납니다. 더 이상 들어오는 돈이 없기에, 남은 삶은 불안정해질 수밖에 없습니다. 이는 마치 댐에 고여 있는 물이 점점 줄어드는 것과 같습니다.

　반면, 현금흐름은 강물처럼 계속 흐릅니다. 매달 일정 금액이 들어오는 구조가 마련되면, 생활비 걱정 없이 안정적인 은퇴 생활이 가능합니다. 목돈은 예기치 못한 상황에 대비해 비축해 두고, 생활은 연금 등에서 나오는 고정 수입으로 유지하는 것이 바람직합니다.

이런 현금흐름의 중요성은 부자들도 예외가 아닙니다. 제가 자산가 고객들과 상담을 하다 보면 "은퇴 후에도 매달 고정적으로 들어오는 수입이 있으면 좋겠다"는 이야기를 자주 듣습니다. 이미 수십억, 수백억 원의 자산을 가진 분들도 '매달 들어오는 돈이 없으면 불안하다'고 느끼는 겁니다.

실제로 제 고객 중 한 분은 백억 원이 넘는 부동산을 보유하고 있었지만, 노후에 안정적인 수입을 만들기 위해 저와 상담 후 연금보험에 가입했습니다. 이 고객은 자산의 규모만큼이나 꾸준한 현금흐름에서 오는 든든함이 필요했던 것입니다.

그렇다면 은퇴 후 삶을 위해 우리는 어떻게 현금흐름을 준비해야 할까요? 많은 사람들이 "은퇴 전에 10억을 모으자" 같은 목표를 세우지만, 이 접근은 현실적이지도 않고 오히려 부담만 안겨 줄 수 있습니다. 중요한 건 '얼마를 모을 것인가'가 아니라, '매달 얼마가 들어오고, 부족한 금액은 어떻게 채울 것인가'입니다.

예를 들어, 60세에 퇴직해서 매달 369만 원이 필요하고, 기대수명이 90세라면 전체 필요 자금은 단순 계산으로 13억 2천만 원입니다. 이 수치를 들으면 누구든 막막해질 수밖에 없습니다.

하지만 접근을 바꿔 봅시다. 만약 60세부터 75세까지는 퇴직연금으로 매달 100만 원, 65세부터 국민연금으로 매달 150만 원이 들어온다면? 60세~64세까지는 매달 269만 원, 65세 이후엔 119만 원이 부족한 상황입니다. 이 부족분을 어떻게 채울지 설계하는 것이 은퇴 준비의 핵심입니다.

국민연금 홈페이지나 모바일 앱에서는 본인의 예상 연금 수령액을 쉽게 확인할 수 있습니다. 확인된 현금흐름을 바탕으로 은퇴 후 시기별로 필요자금을 예상하고 부족한 현금을 마련하기 위한 계획을 아래와 같이 세우면 됩니다.

	소득공백기	은퇴 초기	은퇴 중기	은퇴 후기
나이	60세 ~ 64세	65세 ~ 75세	76세 ~ 85세	86세 이후
적정 월 생활비*	369만 원	369만 원	332만 원	295만 원
국민 연금		150만 원	150만 원	150만 원
퇴직 연금	100만 원	100만 원		
개인 연금				
기타연금 (주택 & 농지)				
합계	100만 원	250만 원	150만 원	150만 원
부족 금액	269만 원	119만 원	182만 원	145만 원

* KB 금융연구소 자료 기준 2023년 부부적정생활비, 소득공백기, 은퇴 초기 100%, 중기 90%, 후기 80% 적용하여 작성

이 정보를 기반으로 은퇴 시기별로 필요한 자금을 추정하고, 현금흐름의 빈틈을 메울 전략을 세울 수 있습니다. 예를 들어,

- 국민연금 수령시기를 조절(조기연금, 연기연금 등)하거나
- 퇴직연금의 운용 수익률을 높이거나
- 개인연금을 추가로 가입하거나
- 주택연금, 농지연금을 활용하는 방법도 있습니다.

매달 고정적인 수입이 있다는 것은, 은퇴 후에도 생활의 리듬을 지켜준다는 의미입니다. 예상하지 못한 의료비나 돌발 지출에도 불안해하지 않고, 계획한 일상을 유지할 수 있다는 점에서 큰 심리적 안정감을 줍니다.

반대로 목돈만을 의지하는 구조는 쓸수록 줄어드는 통장을 마주하게 되면서 소비를 망설이고 불안을 키우게 됩니다.

은퇴 준비는 단순히 연금이 중요하다는 인식으로 끝나는 것이 아니라, 내가 필요로 하는 생활비와 현재 확보한 연금 수입을 비교하고, 부족한 현금흐름을 얼마나, 어떻게 메울 것인지를 설계하는 데에 초점을 맞춰야 합니다.

즉, 은퇴 준비는 목돈을 모으는 싸움이 아니라, 시기별로 필요한 자금과 실제 수입의 차이를 관리하는 전략입니다. 국민연금, 퇴직연금, 개인연금, 주택연금 등 다양한 연금 자산을 조합하여 매달 월급처럼 들어오는 구조를 만드는 것은 은퇴 후의 안정과 존엄을 지키는 핵심이 됩니다.

연금이 충분할지 막연히 고민하기보다 내가 얼마나 필요로 하고, 얼마를 준비했는지를 구체적으로 계산해 보는 것이 먼저입니다. 그 숫자들을 하나씩 확인해 보는 순간, 이제 무엇을 준비해야 할지가 조금씩 선명해집니다.

4.
안정된 노후를 약속하는 숨은 힘, 연금

여러분이 생각하는 '좋은 직업'은 무엇인가요? 2019년 5월 한국갤럽 조사에 따르면, 우리나라 사람들이 가장 선호하는 직업 1위는 공무원(25%), 2위는 교사(12%)였습니다.

흥미롭게도 이 두 직업은 공통점이 있습니다. 연봉이 아주 높지는 않지만 '안정성'과 '평생 연금'이라는 강력한 매력을 가지고 있다는 점입니다. 특히 퇴직 후에도 공무원연금이라는 확정급여형 연금을 받을 수 있다는 점은 많은 사람들에게 큰 안도감을 줍니다.

비슷한 조사였던 2014년에는 공무원 27%, 교사 16%로 나타났는데요. 2015년 공무원연금 개혁 이후 2019년 조사에서는 이 선호도가 다소 하락했습니다. 단순한 수치 변화일 수도 있지만, 연금 혜택이 줄어든 것이 이 직업들의 매력을 떨어뜨린 요인이었을 수도 있겠다는 생각이 듭니다. 그만큼 연금 제도가 직업 선택에도 큰 영향을 미친다는 뜻이겠죠.

물론 개혁 이후 연금 혜택은 일부 줄었지만, 여전히 많은 사람들은 공무원·교사 같은 직업이 제공하는 안정적인 노후에 큰 매력을 느낍니다. 퇴직 이후에도 꾸준히 생활비가 들어온다는 건, 누구에게나 여유와 안정감을 주는 요소니까요.

1945년 프랑스에서 사회보장제도를 만든 앙브루아즈 크루아자 노동부 장관은 "은퇴는 더 이상 죽음의 대기실이 아니라, 인생의 새로운 단계가 되었다"고 말했습니다. 노동에서 해방된 이후에도 연금을 통해 삶을 다시 설계할 수 있는 시대를 선언한 셈입니다.

그런 프랑스에서도 연금은 매우 민감한 주제입니다. 2023년, 프랑스 정부가 정년을 62세에서 64세로 2년 연장하는 연금 개혁안을 발표하자 수백만 명의 국민이 거리로 나와 거세게 반대했습니다.

단순히 은퇴 시점을 조금 늦추는 것처럼 보이지만, 실제로는 연금 수령 시기, 연금수령액의 변화가 삶의 질에 영향을 주는 민감하고 현실적인 문제이기 때문입니다. 프랑스 국민들에게도 연금은 단순한 정책이 아니라 노후 생계를 지탱해주는 핵심 축이었던 것이죠.

이처럼 연금은 안정된 노후를 위한 '버팀목'입니다. 그리고 우리나라에서도 연금에 반드시 관심을 가져야 할 이유가 있습니다. 바로, 각 단계마다 강력한 세제 혜택이 주어진다는 점입니다.

- 납입할 때는 소득공제·세액공제
- 운용하는 동안은 과세이연과 손익 통산
- 수령할 때는 저율과세와 분리과세

이 모든 혜택이 '연금'이라는 구조 안에 담겨 있습니다. 그저 돈을 모으는 게 아니라, 세금을 아끼고 현금흐름을 만들 수 있는 도구가 바로 연금입니다. 그래서 우리는 연금에 더 관심을 가져야 하고, 조금이라도 더 일찍, 더 적극적으로 연금 자산을 설계해야 합니다.

다음 장에서는 우리나라에 어떤 연금이 있는지, 그리고 각각 어떤 세제 혜택이 주어지는지 구체적으로 살펴보겠습니다.

5.
연금, 이름은 같아도 속은 다르다

앞에서 살펴본 것처럼, 연금은 노후 준비에 꼭 필요한 수단입니다. 하지만 정작 우리나라에 어떤 연금 제도가 있고, 각각 어떤 특징을 갖고 있는지까지 정확히 알고 있는 사람은 많지 않습니다.

국민연금이나 공무원연금처럼 국가가 운영하는 연금 외에도, 금융회사를 통해 가입할 수 있는 다양한 연금상품들이 존재합니다. 직장인이라면 연말마다 '13월의 월급'이라 불리며 세액공제 혜택을 강조하는 연금상품 안내를 받아 본 경험이 있을 것입니다. 또 보험사나 은행 창구 직원이 "좋은 연금보험이 새로 나왔습니다. 노후 준비로 한번 알아보시면 어떠세요?"라고 권하는 경우도 흔하지요. 겉으로는 모두 '연금'이라는 이름을 달고 있지만, 어떤 건 국가가 운영하고, 어떤 건 민간 금융회사가 운용하며, 가입 방식이나 세제 혜택도 제각각입니다.

이름은 같지만 구조나 혜택이 다르다 보니, 각 연금이 어떻게 구성되어 있고 어떤 차이가 있는지는 잘 모를 때가 많습니다. 그래서 이번 장에서는 우리나라 연금의 기본적인 종류와 특징을 간단히 정리하고, Part 2부터는 각 연금에 대해 하나씩 구체적으로 알아보겠습니다.

【연금의 종류】

공적 연금	기초연금	65세 이상 노인 중 소득하위 70%가 대상	
	국민 연금	만 18세 이상부터 가입 가능	
	특수 직역 연금	공무원연금, 군인연금, 사립학교 교직원연금, 별정우체국연금	
사적 연금	퇴직연금	DB (확정 급여형)	
		DC (확정 기여형)	
		IRP (개인형 퇴직연금)	
	개인연금	세제 적격	연금 저축
		세제 비적격	연금 보험
	주택 연금	주택 담보 연금	
	농지 연금	농지 담보 연금	

우선 연금은 크게 공적연금과 사적연금으로 나눌 수 있습니다. 말 그대로 공적연금은 국가가 법에 따라 운영하는 제도이고, 사적연금은 개인이 자발적으로 준비하는 노후 자산입니다. 공적연금에는 우리가 잘 알고 있는 국민연금, 기초연금, 그리고 특정 직업군을 위한 공무원연금, 군인연금, 사립학교교직원연금 등이 포함됩니다.

이런 연금들은 관련 법률(예: 국민연금법, 공무원연금법 등)에 따라 가입 자격과 지급 방식이 정해져 있어, 안정적이고 예측 가능한 혜택이 특징입니다.

반면 사적연금은 공적연금의 부족한 부분을 보완하기 위해 개인이 스스로 준비하는 연금입니다. 대표적으로 퇴직연금과 개인연금이 있으며, 특히 개인연금은 세제 혜택 여부에 따라 다시 구분됩니다. 연말정산 시즌이 되면 세액공제 혜택을 강조하는 연금상품을 권유받는 경우가 많습니다. 이때 등장하는 상품이 바로 세제적격 개인연금, 흔히 말하는 연금저축입니다.

2025년 기준, 연금저축은 연간 600만 원까지 세액공제가 가능하며, 최대 99만 원까지 세금을 환급받을 수 있어 직장인들에게 인기가 높습니다. 또한, 연금저축에 더해 개인형 퇴직연금(IRP)을 함께 가입하면 세액공제 한도가 연간 900만 원까지 늘어나 최대 148만 5천 원까지 절세할 수 있습니다.

한편, 납입할 때는 세액공제 혜택이 없지만 일정한 조건을 충족하면 만기 때 비과세 혜택을 받을 수 있는 상품도 있습니다. 이를 세제 비적격 개인연금이라고 하며, 대부분은 연금보험이라는 이름으로 판매되고 있습니다.

이 연금보험은 가입할 때 세금을 환급받을 수는 없지만, 과세를 만기 시점으로 늦출 수 있는 '과세이연' 효과가 있어 고액 자산가들이 절세 전략으로 활용하는 경우도 많습니다.

이처럼 연금의 구조와 혜택은 생각보다 다양합니다. 어떤 연금이든 장단점이 있기 때문에 본인의 상황과 목적에 맞게 잘 선택하고 준비하는 것이 중요합니다. 연금의 종류와 특징을 이해하는 일은 노후를 안정적으로 설계하기 위한 첫걸음입니다. 조금만 관심을 가지면, 누구나 자신에게 맞는 연금 전략을 세울 수 있습니다.

다음 Part에서는 국민연금을 시작으로, 각 연금이 어떤 구조를 가지고 있고 어떻게 활용할 수 있는지 구체적으로 하나씩 살펴보겠습니다.

PART 2.

국민연금,
평생 월급의 출발점

1.
국민연금, 국가가 보장하는 평생 월급

　PART 1에서는 안정적인 노후 준비를 위해 가장 중요한 것은 매달 꾸준히 들어오는 현금흐름이며, 이를 위해 연금의 역할이 무엇보다 중요하다고 설명했습니다. 그중에서도 국민연금은 노후 자산의 기본이자 출발점이 되어야 합니다. 그 이유는 국민연금이 일반 금융회사에서 판매하는 연금상품들과는 비교할 수 없을 만큼 다양한 장점과 혜택을 갖고 있기 때문입니다. 노후를 준비하는 입장에서는 이렇게 구조적으로 유리한 제도를 먼저 활용하고, 이후 부족한 부분을 어떻게 보완할지를 고민하는 것이 현명한 순서입니다.

　그렇다면 국가는 왜 이처럼 국민연금에 많은 혜택을 제공하고, 그 운영을 중요하게 여길까요? 그 이유는 국민연금이 단지 개인의 노후를 위한 제도에 그치지 않고, 사회 전체의 안정성과 지속 가능성에도 긍정적인 영향을 주는 제도이기 때문입니다.

　은퇴 후 경제적으로 어려움을 겪는 사람이 많아질수록 사회적 불안정과 갈등은 커지기 마련이고, 정부의 복지 지출도 늘어날 수밖에 없습니다. 반면, 국민연금을 통해 많은 사람들이 일정 수준의 생활을 유지하게 되면 정부의 부담은 줄고, 사회 전체의 신뢰와 연대는 강화될 수 있습니다. 또한 국민연금은 세대 간 형평성과 책임의 균형을 맞추는 역할도 수행합니다. 국민연금이 없던 시절에는 은퇴 후 자녀에게 의존해야 했던 경우가 많았지만, 이제는 스스로 노후를 준비하고 유지할 수 있는 사회로 바뀌고 있습니다.

만약 국민연금이 제 역할을 하지 못한다면, 다시 가족 간 경제적 의존이 커지고 자녀 세대의 부담은 늘어나며, 세대 갈등과 경제적 위축으로 이어질 수 있습니다. 이런 이유로 국가는 국민연금에 여러 혜택을 부여하고 있으며, 노후를 준비하는 사람들은 국민연금의 장점을 최대한 많이 활용할 필요가 있습니다.

그렇다면 국민연금은 일반 금융회사의 연금상품과 어떤 점에서 차별화되어 있을까요?

첫 번째는 국민연금이 국가가 책임지는 연금이라는 점입니다. 개인이 선택하는 금융상품과 달리, 국민연금은 국가가 직접 운영하고 관리합니다. 2025년 연금개혁에서는 공무원연금이나 군인연금처럼 국민연금에 대해서도 국가의 지급 보장이 법으로 명문화되었습니다. 또한 국민연금공단에 따르면, 전 세계 180여 개국에서 공적연금제도를 운영하고 있지만 연금 지급이 중단된 사례는 한 곳도 없다고 합니다. 기금 운용 역시 국가가 감독하고 책임지기 때문에, 연금기금의 손실이나 부실로 인해 연금 지급이 어려워질 가능성은 매우 낮습니다.

두 번째는 국민연금이 매년 물가상승률을 반영하여 평생 지급된다는 점입니다. 이는 사적 연금상품과 비교해 국민연금이 갖는 뚜렷한 장점입니다. 일부 사적연금도 평생 지급을 보장하지만, 그 연금액은 보험사의 공시이율이나 투자 수익률에 따라 결정되기 때문에 물가 상승에 안정적으로 대응하기 어렵습니다. 물가상승률이 반영되지 않는 연금의 실질 가치는 떨어질 수밖에 없습니다. 실제로 사단법인 한국물가정보에서 2020년 발간한 '종합물가총람'에 따르면, 1970년에 비해 2020년 시내버스 요금은 무려 120배나 올랐습니다. 은퇴 후 수십 년간 연금을 받는 상황에서, 물가 상승이 연금의 실질 가치를 갉아먹는다는 것은 결코 가볍게 넘길 수 없는 문제입니다. 하지만 국민연금은 법에 따라 매년 물가상승률을 반영해 연금액이 자동으로 조정됩니다.

  2025년에도 이러한 기준에 따라 연금 수령액이 전년도 대비 2.3% 인상되었습니다. 따라서 국민연금은 장기적인 인플레이션에도 실질 소득을 보장할 수 있는 안전한 노후 준비 수단입니다. 물가 상승에 따른 생활비 부담을 덜어주기 때문에, 평생 안정적인 소득을 유지할 수 있도록 돕는 것이 국민연금의 가장 큰 강점입니다.

연금	2020년	2021년	2022년	2023년	2024년	2025년
인상률	0.4%	0.5%	2.5%	5.1%	3.6%	2.3%

※ 최초 연금 지급 이후 전국소비자물가변동률에 의하여 매년 1월 조정하여 1월 ~ 12월 조정

(출처: 국민연금관리공단)

  세 번째 장점은 국민연금이 가입자 본인뿐만 아니라 가족까지 보호하는 사회 안전망 역할을 한다는 점입니다. 국민연금에는 유족연금과 장애

연금 제도가 있어, 가입자나 수급자가 갑작스럽게 경제적 위기에 처했을 때 큰 도움이 됩니다.

먼저 유족연금은 국민연금 가입자나 수급자가 사망했을 경우, 남은 가족에게 지급되는 연금입니다. 은퇴 후 부부가 함께 노후를 보내는 것이 가장 이상적이지만, 안타깝게도 배우자가 먼저 세상을 떠나는 상황이 생길 수 있습니다. 이때 남은 배우자의 생계를 보호하는 장치가 바로 유족연금입니다.

예를 들어, 20년 이상 연금을 납부한 가입자가 사망하면, 남겨진 배우자나 자녀는 최대 60%까지 유족연금을 평생 받을 수 있습니다. 특히 배우자가 일정 요건을 충족하면 유족연금은 평생 지급되기 때문에, 남은 가족의 생계에 큰 힘이 됩니다.

또한 장애연금은 가입자가 질병이나 사고로 장애를 입어 더 이상 일을 할 수 없게 되었을 때 지급되는 연금입니다. 예기치 못한 상황으로 근로가 불가능해졌을 때, 이 연금이 일정한 소득을 보완해 주어 기본적인 생활을 유지할 수 있도록 돕습니다.

이 두 가지 연금은 모두 과세 대상이 아니기 때문에, 수령 시 세금 부담이 전혀 없다는 점도 큰 장점입니다. 이처럼 국민연금은 단순한 노후 대비 수단이 아니라, 예상치 못한 상황에서도 개인과 가족을 지켜 주는 탄탄한 제도입니다.

민간 금융회사의 연금상품과 비교해 보더라도, 국민연금만의 독보적인 혜택이라 할 수 있습니다. 물론 국민연금만으로 은퇴 후 필요한 모든 생활비를 충당하기는 어렵습니다. 연금 수령액이 기본적인 생계는 도와줄 수 있지만, 여유 있는 노후를 위해서는 추가적인 준비가 필요합니다. 따라서 국민연금으로 안정적인 노후의 토대를 먼저 마련하고, 그 위에 퇴직연금이나 개인연금과 같은 사적 연금으로 부족한 부분을 보완하는 방식이 바람직합니다.

이제부터는 국민연금에 대해 많은 분들이 궁금해하는 내용과, 조금이라도 더 많은 연금을 받기 위해 실천할 수 있는 구체적인 방법들을 하나씩 알아보겠습니다.

2.
국민연금, 과연 받을 수 있을까?

과연 국민연금을 받을 수 있을까? 지금까지 우리는 안정적인 은퇴 생활을 위해 가장 중요한 것은 '매달 들어오는 현금흐름'이며, 그 중심에 국민연금이 있다고 이야기해 왔습니다. 그런데 여기서 자연스럽게 이런 의문이 들죠.

"국민연금이 그렇게 좋다는데, 연금이 고갈된다고 하잖아. 그럼 나중에 정말 받을 수는 있는 걸까?"

많은 사람들이 국민연금이 정말 계속 유지될 수 있을지 걱정하고 있습니다. 연금이 고갈된다는 이야기가 여러 경로를 통해 자주 들려오다 보니, 불안해지는 것도 무리는 아닙니다.

국민연금은 5년마다 '재정추계'를 통해 제도의 지속 가능성을 진단합니다. 사람이 정기검진을 받듯, 국민연금도 건강 상태를 주기적으로 점검하는 셈입니다. 가장 최근인 2023년 발표된 제5차 국민연금 재정추계에서도 지금의 제도를 그대로 유지할 경우, 2055년에 기금이 소진될 것이라고 전망했습니다.

하지만 저는 국민연금을 못 받는 일은 없을 거라고 생각합니다. 국민연금은 기금 소진을 막기 위해 여러 차례 제도 개선의 논의가 있었고 2025년 4월에는 3차 국민연금 개혁도 단행되었습니다.

3차 연금 개혁 주요 내용(모수개혁)

	2025년 기준	개정 후
보험료율(%)	9	13
소득대체율(%)	40	43
기금 수지 적자 시점	2041년	2048년 (7년 연장)
기금 고갈 예상 시점	2055년	2064년 (9년 연장)

이번 개혁의 핵심은 다음과 같습니다.

- 보험료율을 9%에서 13%로 점진 인상
- 소득대체율을 40%에서 43%로 상향 조정
- 국가의 연금 지급 책임을 법에 명문화

이로 인해 국민연금의 기금 소진 예상 시점은 2055년 → 2064년으로 약 9년 연장되었습니다. 이번 개혁까지는 보험료율과 소득대체율을 조정하는 '모수개혁'의 일환이었지만, 앞으로는 단순한 수치 조정뿐만 아니라, 연금제도 전반의 구조를 바꾸는 '구조개혁' 논의도 진행될 수 있습니다. 뿐만 아니라, 연금의 재정 건전성을 높이기 위한 기금 운용 방식의 변화나 추가 재원 마련 방안 같은 정책들도 함께 검토될 수 있습니다. 이는 국민연금이 장기적으로 지속 가능하기 위한 다양한 노력과 조정이 앞으로도 계속될 것임을 의미합니다.

또 하나 중요한 변수는 바로 기금 운용 수익률입니다. 연금기금이 어디에 어떻게 투자되어 얼마나 수익을 내는가에 따라, 연금 재정의 지속 가능성도 크게 달라지죠. 2023년 재정추계에서는 연평균 수익률을 4.5%로 가정했지만, 실제 국민연금은 1998년 기금 운용 이후 2024년까지 연평균 6.82%의 수익률을 기록했습니다. 기대치보다 훨씬 높은 성과였고, 이 수준의 운용이 계속된다면 기금 소진 시점을 더 늦출 수 있다는 분석도 있습니다. 일례로 수익률이 1%포인트 높아질 경우, 기금 고갈 시점을 최대 5년까지 미룰 수 있다는 연구도 있죠.

그렇다면 지금 우리는 국민연금에 대해 어떻게 생각하고 행동해야 할까요? 우선, 지나치게 '연금 고갈'이라는 단어에만 집중하지 않아도 됩니다. 이번 개혁으로 연금은 국가가 지급을 책임진다는 점이 법적으로 명확히 규정되었습니다. 정부가 파산하지 않는 한, 국민연금이 지급되지 않는 일은 없다는 뜻입니다.

또 하나 잊지 말아야 할 점은, 국민연금은 선택의 문제가 아니라 의무가입 제도라는 사실입니다. 소득이 있으면 반드시 가입해야 하며, 이는 누구나 동일하게 적용됩니다.

따라서 지금 중요한 것은 "국민연금을 못 받을까 봐 걱정하는 것"이 아니라 "어떻게 하면 이 강력한 제도를 내 은퇴설계에 잘 활용할 수 있을까"를 고민하는 것입니다.

국민연금은 민간 금융회사에서는 절대 만들 수 없는 법적 보장, 평생 지급, 물가 반영, 소득 재분배 등 막강한 혜택을 지닌 연금 제도입니다. 이제는 막연한 걱정보다는 제도를 바로 이해하고, 지금의 제도 안에서 내가 누릴 수 있는 혜택을 어떻게 극대화할지를 고민해야 합니다.

그래서 이 책에서는 국민연금의 구조를 제대로 이해하고, 어떻게 하면 국민연금을 최대한 수령하고 효과적으로 활용할 수 있을지에 대해 구체적으로 설명하려고 합니다. 막연한 불안 대신, 이 책과 함께 국민연금을 하나씩 제대로 알아가 보시죠.

3.
국민연금, 이 기본만 알면 훨씬 쉬워진다

"국민연금이 중요하다는 건 알겠는데, 용어나 구조가 낯설고 어렵게만 느껴집니다."

그래서 이 장에서는 꼭 필요한 개념들을 쉽고 간단하게 정리해 보겠습니다.

■ 3층 연금체계란?

우리나라의 연금제도는 '3층 연금체계'로 구성되어 있습니다. 이 개념은 1994년 세계은행(World Bank)의 보고서 『노년 위기의 모면(Averting the Old-age Crisis)』에서 처음 제시됐습니다.

보고서는 고령화 사회에 대비하려면 단일한 연금제도보다, 공적·기업·개인 연금이 서로 보완하며 작동하는 입체적인 구조가 필요하다고 강조했죠. 그중에서도 1층의 국민연금은 전체 연금 구조에서 가장 기초적이면서도 핵심적인 역할을 합니다.

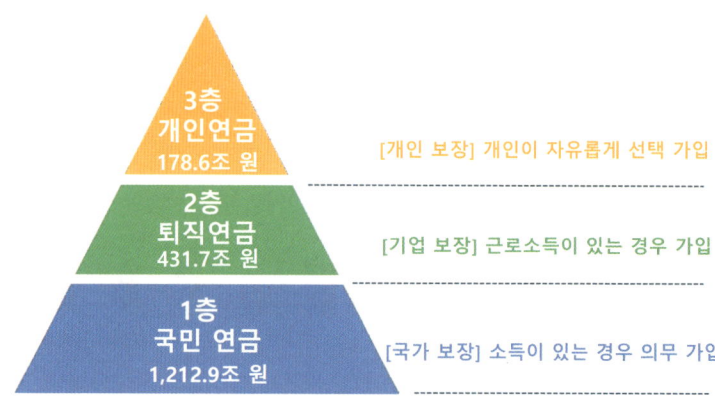

2024년 말 국내 연금자산 총 1,823.2조 원

■ 국민연금의 시작과 확장

국민연금의 첫 시도는 1973년 '국민복지연금법' 제정에서 비롯됐습니다. 하지만 그해 세계적인 1차 오일쇼크가 발생하며 시행은 미뤄졌고 1988년 드디어 국민연금이 공식적으로 도입되며 첫 걸음을 내딛게 됩니다.

초기엔 10인 이상 사업장 근로자만을 대상으로 했으나, 점차 농어촌 지역(1995년), 도시 자영업자와 무직자(1999년)까지 확대되었고, 2006년에는 1인 이상 사업장까지 적용되며 사실상 전국민 연금제도로 자리 잡았습니다.

연도	내용
1960	공무원연금법 제정 (1961년 시행)
1963	군인연금법 제정 및 시행
1973	국민복지연금법, 사립학교 교직원 연금법(사학연금법) 제정
1974	국민복지연금법, 사학연금법 시행 연기

1975	사학연금법 시행
1986	국민연금법 제정
1988	국민연금 시행, 보험료율 3%, 소득대체율 70%
1998	국민연금법 개정 (1차 개혁), 보험료율 9%, 소득대체율 60%, 수령연령 65세
1999	국민연금 도시 지역 확대 적용(비농업 자영업자)
2007	국민연금법 개정 (2차 개혁), 보험료율 9%, 소득대체율 40%
2025	국민연금법 개정 (3차 개혁), 보험료율 13%, 소득대체율 43%

■ 국민연금, 이 용어만은 알고 가자

국민연금 제도를 이해하는 데 필요한 핵심 용어 7가지를 정리했습니다. 딱딱한 설명보다는, 실제 연금 수령액과 연결되는 중요한 개념 위주로 살펴봅니다.

1) 소득대체율

은퇴 전 평균 소득 대비 연금 수령액의 비율입니다. 예를 들어, 소득대체율이 43%이고 은퇴 전 월평균 소득이 300만 원이었다면, 매달 약 129만 원의 연금을 받는다는 뜻이죠.

국민연금의 소득대체율은

- 1988년 도입 당시: 70%
- 1998년 1차 개혁: 60%로 하향
- 2007년 2차 개혁: 2028년까지 40%로 인하 예정이었으나
- 2025년 3차 개혁으로 2026년부터 43%로 상향 조정

※ 단, 이 수치는 가입기간 40년 기준입니다. 가입기간이 짧다면 실제 수령액은 이보다 낮습니다.

2) 보험료율

소득의 몇 퍼센트를 보험료로 납부하는지를 나타냅니다. 현재는 9%이며, 직장인의 경우 본인 4.5% + 회사 4.5%로 분담합니다. 2026년부터는 매년 0.5%P 인상하여 2033년부터 13%로 납부합니다.

3) 가입자 유형

가입자는 다음 4가지로 나눕니다.

- 사업장 가입자: 근로자 및 사용자
- 지역 가입자: 자영업자, 프리랜서 등
- 임의가입자: 소득 없는 전업주부나 학생이 자발적으로 가입
- 임의계속가입자: 60세 이후에도 수급 요건을 채우기 위해 계속 납부하는 사람

4) 조기연금 vs. 연기연금

- 조기연금: 수급 연령 5년 전부터 받을 수 있지만, 연 6%씩 감액됨
- 연기연금: 최대 5년 늦춰 받을 수 있으며, 연 7.2%씩 증액됨

5) A값(전 국민 평균소득월액)

국민 전체의 평균 소득을 반영한 수치로, 연금 산정 기준값입니다.

- 최근 3년 평균 소득을 기반으로 물가상승률까지 반영해 계산
- 2025년 기준 A값: 3,089,062원

모든 국민의 '평균 소득'을 반영하므로, 연금 수령 공식의 기준점 역할을 합니다.

6) B값(개인 평균소득월액)

가입자가 연금보험료를 납부한 기간 동안의 평균 소득입니다. B값은 '재평가율'을 반영해 과거 소득을 현재 가치로 환산하기 때문에, 예를 들어 1988년의 100만 원 월급은 지금의 가치로 조정된 842만 9천 원이 됩니다. 이렇게 조정된 B값과 A값이 함께 사용되어 국민연금 수령액이 산출됩니다.

7) 크레딧제도

가입기간이 중요한 국민연금에서, 특정한 사회적 기여를 인정해 납부하지 않은 기간도 가입기간으로 인정해 주는 제도입니다. 2025년 연금법 개정으로 크레딧제도는 다음과 같이 확대되었습니다.

- 군복무크레딧: 군복무 기간 전체(최대 12개월)를 가입기간으로 인정
- 출산크레딧: 첫째 자녀부터 12개월씩 인정(최대 자녀 수 제한 없음)

지금까지 국민연금의 구조, 역사, 기본 개념을 빠르게 정리해 보았습니다. 지루할 수 있는 개념도 많지만, 한 번만 제대로 이해해 두면 연금을 훨

씬 똑똑하게 활용할 수 있습니다.

  다음 장에서는 국민연금 수령액을 결정짓는 공식과 구조, 그리고 실제 내가 받을 금액을 계산하는 방법을 함께 살펴보겠습니다.

4.
국민연금 많이 받으려면? 가입기간이 답이다

"국민연금, 앱에서 예상연금은 잘 조회되는데 연금액이 어떻게 계산되는지는 잘 모르겠어요."

혹시 이런 생각, 해 보신 적 있으신가요? 많은 분들이 국민연금 수령액을 한 번쯤은 확인해 보지만, 그 연금액이 어떻게 산출되는지는 제대로 모른 채 지나가는 경우가 많습니다. 이번 장에서는 다소 복잡해 보이는 연금 산식을 쉽게 풀어 설명하고, 우리가 연금 수령액을 높이기 위해 무엇을 해야 할지 함께 정리해 보겠습니다.

1) 연금 수령액, 굳이 산식을 다 알아야 할까요?

노령연금의 연금액은 '기본연금액'을 기준으로 계산됩니다. 하지만 그 산식은 국민연금법에 따라 연도별로 수치가 달라지고, 가입기간, 소득 수준 등 여러 요소가 포함되어 꽤 복잡해 보입니다.

사실, 정확한 계산은 국민연금 홈페이지나 모바일 앱에서 간단히 할 수 있습니다. 예상연금 모의계산 기능을 활용하면 현재 소득, 가입기간, 크레딧 대상 등을 입력해 연금 수령액을 실시간으로 확인할 수 있습니다.

(출처: 국민연금관리공단 홈페이지)

2) 그렇다면 왜 산식을 이해해야 할까요?

결론부터 말씀드리면, 산식을 외울 필요는 없지만 구조는 이해할 필요가 있습니다. 왜냐하면 구조를 알면

☑ 국민연금 제도가 어떻게 설계되었는지,
☑ 내가 연금액을 늘리기 위해 무엇을 해야 하는지

를 논리적으로 이해할 수 있기 때문입니다.

3) 연금 계산식의 핵심 구조

노령연금 수령액은 다음과 같은 형태로 계산됩니다.

- 기본연금액 × 가입기간별 지급률 + 부양가족연금액

그중에서도 핵심은 기본연금액 × 지급률입니다.

- 기본연금액은 전체 가입자의 평균소득(A값)과 개인의 평균소득(B값)을 기반으로 합니다.
- 가입기간별 지급률은 최소 10년(50%)부터 시작해
- 1년 추가될 때마다 5%씩 올라가 20년 이상이면 100% 지급됩니다.

4) 계산식 예시로 풀어 보기

기본연금액 계산식은 아래와 같습니다. 매우 복잡한 식처럼 보이지만 알고 보면 그 구조는 간단합니다.

$$[2.4(A+0.75B) \times P1/P + 1.8(A+B) \times P2/P + 1.5(A+B) \times P3/P + 1.485(A+B) \times P4/P + 1.47(A+B) \times P5/P + 1.455(A+B) \times P6/P + \cdots\cdots 1.29(A+B) \times P21/P] \times (1+0.05n/12)$$

- A : 연금 수급 전 최근 3년간의 국민연금 전체 가입자의 평균소득
- B : 가입자 개인의 가입기간 중 기준 소득월액의 평균액
- P : 전체 가입월수
- P1 ~ P21 : 연도별 가입월수
 (P1 : 1988년 ~1998년 , P2 : 1999년 ~ 2007년 , P3 : 2008년 , P4 : 2009년, P5 : 2010년, P6 : 2011년 ………. P21 : 2026년 이후)
- n : 20년 초과 가입월수
- 비례상수

가입기간	P1	P2	P3……P20	P21
비례상수	2.4	1.8	1.5 (매년 0.015씩 감소)	1.29
소득대체율	70%	60%	50% (매년 0.5% p씩 감소)	43%

예를 들어 소득대체율이 60%였던 1999년~2007년 구간의 계산식은 다음과 같습니다.

- $1.8 \times (A + B) \times (1 + 0.05n/12)$
- n: 20년 초과 가입 월수

구체적인 예시를 보며 감을 잡아 보겠습니다.

- A값: 1,000,000원/B값: 3,000,000원/가입기간: 40년 (n=240개월)
- (A + B) = 4,000,000원
- 비례상수: 1.8
- 가입기간 40년=〉n은 240 =〉 $(1 + 0.05 \times 240/12) = 2$

따라서: $1.8 \times 4,000,000 \times 2 = 14,400,000$원 (연간)

월 연금액: 14,400,000 ÷ 12개월 = 1,200,000원

이 수치는 A값과 B값의 평균[8](2,000,000원)의 60%에 해당하며, 정확히 소득대체율 60%에 부합하는 구조로 산정된 것입니다.

---

8) 기본 개념은 A값과 B값이 동일하다고 가정했을 때 소득대체율을 계산하는 것이지만, 실제로 평균값이 A값과 B값을 같게 해 주기 때문에 이렇게 계산하면 이해하기 쉽습니다.

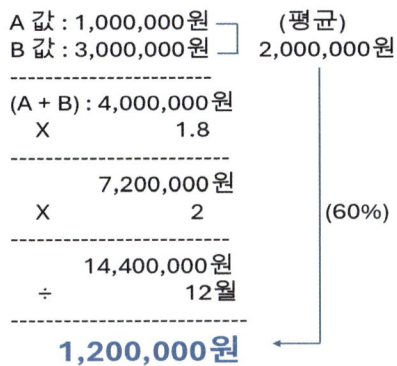

5) 소득대체율, 왜 이렇게 변했을까?

국민연금은 세 차례의 개혁을 거치며 연금재정의 안정성과 수급의 형평성을 동시에 고려해 소득대체율과 비례상수를 조정해 왔습니다.

연도	1988~1998	1999~2007	2008	2009	…	2024	2025	2026
소득대체율 (%)	70%	60%	50%	49.5%	…	42%	41.5%	43%
비례상수	2.4	1.8	1.5	1.485	…	1.26	1.245	1.29

6) 핵심 포인트: 통제 가능한 변수는 무엇일까?

복잡한 산식 속에서 우리가 기억해야 할 핵심은 다음과 같습니다.

- A값: 전체 가입자의 평균 소득 → 내가 통제할 수 없음
- 비례상수: 국민연금법으로 정해짐 → 통제할 수 없음
- B값: 내 소득에 따라 결정 → 어느 정도 통제 가능

B값에도 한계가 있습니다. 연금보험료를 산정할 때 기준이 되는 상한 소득은 2025년 기준 637만 원입니다. 아무리 소득이 높아도, 이 금액까지만 B값에 반영된다는 뜻입니다.

- 가입기간: 내가 직접 결정 가능 → 가장 영향력 있음

*결국 연금 수령액을 높이는 가장 현실적이고 효과적인 방법은 '가입기간을 늘리는 것'입니다.

국민연금에 있어서 가입기간, 특히 10년, 20년, 40년의 의미가 매우 특별합니다. 10년을 가입해야 노령연금으로 수령할 수 있고 20년을 가입해야 지급율을 100% 인정받을 수 있으며 40년을 가입하면 소득대체율을 모두 적용받습니다.

이 장의 핵심 메시지는 아주 간단합니다. 국민연금 수령액은 산식이 결정하지만, 그중 내가 직접 바꿀 수 있는 건 가입기간과 B값, 그리고 그중에서도 가입기간이 가장 강력한 변수라는 점입니다.

어려운 수식은 몰라도 괜찮습니다. 다만 "무엇을 해야 더 많이 받을 수 있는가?"는 꼭 알고 넘어가야 합니다. 가입기간을 늘리는 구체적인 전략, 다음 장에서 본격적으로 소개하겠습니다.

5.
납부는 의무지만, 수령은 전략이다

앞서 우리는 국민연금의 노령연금 지급액이 어떻게 산정되는지 그 구조를 살펴보았습니다. 다소 복잡하고 머리가 아픈 계산식이었지만, 굳이 이를 설명한 이유는 분명합니다. 연금 수령액을 늘리기 위해 어떤 전략이 효과적인지를 함께 고민하기 위함입니다.

먼저 눈여겨볼 부분은 평균 소득입니다. 국민연금은 전체 가입자의 평균소득(A값)과 가입자의 평균소득(B값)을 평균하여 기본연금액을 산정하는데, 이때 B값이 높을수록 수령액은 많아지게 됩니다.

물론 A값과 B값의 평균이기 때문에 고소득자는 소득 대비 연금 수령액이 낮다고 느낄 수 있지만, 국민연금에는 소득재분배 기능이 있어 저소득자는 평균소득을 기준으로 혜택을 더 받게 되고, 고소득자는 납입한 보험료에 따라 더 많은 금액을 수령하게 되는 구조입니다. 이는 국민연금의 수익비(납입보험료 및 기금 운용 수익 대비 수령 연금액)가 약 2배가 되기 때문에 고소득자도 유리한 구조라는 것을 의미합니다.

다만 국민연금에는 기준소득월액 상한액(2025년 기준 637만 원)이 정해져 있습니다. 이 상한액을 초과하는 소득에 대해서는 보험료가 부과되지 않으며, 연금 산정에도 반영되지 않습니다. 결과적으로 국민연금에서 일정 수준 이상의 소득은 수령액에 영향을 주지 않습니다.

그런데 국민연금 수령액을 늘리는 가장 강력한 방법은 따로 있습니다. 바로 '가입기간을 늘리는 것'입니다. 국민연금은 10년 이상 납부해야 연금으로 수령이 가능하고, 가입기간이 20년을 초과하면 지급률이 기본연금액의 100%가 적용되며, 40년을 채워야 국민연금법에서 정한 소득대체율을 온전히 적용받을 수 있습니다. 가입기간이 길어질수록 연금 수령액도 그에 비례해 꾸준히 증가합니다.

그렇다면 어떻게 가입기간을 늘릴 수 있을까요? 먼저 가능한 한 빨리 가입하는 것입니다. 국민연금법에 따르면 국내에 거주하는 만 18세 이상 60세 미만 국민은 가입 대상이지만, 학생이나 군 복무 등으로 소득이 없는 27세 미만은 의무가입 대상에서 제외됩니다. 대부분의 청년들은 취업 후 국민연금에 처음 가입하지만, 실제로는 '임의가입자'로 18세부터 국민연금에 가입할 수 있습니다.

대학 졸업 후 취업을 하는 나이가 보통 20대 중후반이라는 점을 고려할 때, 18세부터 임의가입을 시작하면 거의 10년 정도 국민연금 가입기간을 늘릴 수 있습니다.

이처럼 가입기간을 늘리는 데 도움이 되는 임의가입은 최근 10대, 20대를 중심으로 증가하고 있습니다.

2021년과 2022년에는 큰 폭의 증가세를 보였고, 2023년에는 소폭 감소하였지만 여전히 높은 수준의 가입자 수가 유지되고 있습니다. 자녀 명의로 연금을 미리 가입하고 보험료를 대신 납부하는 부모들이 점점 늘고 있는 것도 그 이유일 것입니다.

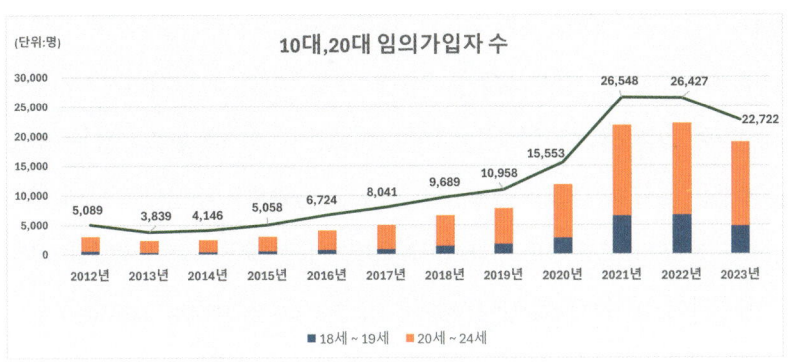

(출처 : 국가통계포털 통계자료 활용 차트 작성)

그리고 또 하나 놓치기 쉬운 제도가 '임의계속가입'입니다.

이는 만 60세가 되어 의무가입 대상에서 제외된 후에도, 국민연금 수령 개시 연령인 65세에 달할 때까지 계속 보험료를 납부할 수 있는 제도입니다. 주로 연금 수급요건인 10년을 채우지 못한 분들이 활용하지만, 이미 수급요건을 충족한 사람이라도 가입기간을 늘리고 연금 수령액을 높이기 위한 목적으로 선택할 수 있습니다. 소득과 건강에 여유가 있다면, 이 제도는 가입기간을 늘릴 수 있는 마지막 기회이기도 합니다.

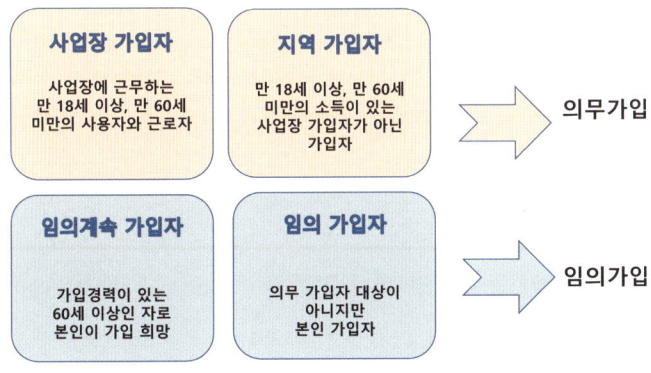

PART 2. 국민연금, 평생 월급의 출발점

다음으로는 국민연금의 다양한 제도를 적극 활용하는 것입니다. 먼저 '반납' 제도입니다. 과거에 직장 퇴사 등으로 국민연금을 탈퇴하고 반환일시금을 수령한 사람은 해당 일시금과 이자를 다시 납부함으로써 과거 가입기간을 복원할 수 있습니다. 특히 과거 소득대체율이 높았던 시기의 가입기간을 복원할 수 있어 연금 수령액을 높이는 데 매우 유리합니다.

다음은 '추납'입니다. 과거에 납부하지 못했던 기간의 보험료를 현재 시점의 보험료 기준으로 납부해 가입기간을 인정받는 제도입니다.

대표적인 사례로 2019년 송파구에 거주하는 한 가입자가 8개월이었던 가입기간을 추납으로 241개월까지 늘려, 월 연금액을 35만 원에서 118만 원으로 세 배 이상 높였습니다. 그는 약 1억 150만 원을 납부했지만, 불과 10년 정도면 회수할 수 있었습니다. 게다가 국민 연금은 물가 상승률이 반영되어 평생 지급되고, 사망 후에는 배우자가 유족연금을 평생 받을 수 있습니다. 이처럼 파격적인 혜택은 사적연금에서는 상상할 수 없는 구조입니다.

이러한 구조가 고소득자의 재테크 수단으로 주목받자, 2020년 국민연금법이 개정되어 추납 가능 개월수는 119개월로 제한되었습니다. 그만큼 추납이 가입자에게 유리하다는 방증이기도 합니다. 특히 군복무를 마친 후 국민연금에 가입한 사람은 복무 기간에 대해 추납 신청을 할 수 있습니다. 정춘숙 전 국회의원의 2021년 보도자료에 따르면, 1999년부터 2021년 6월까지 전역자 584만 명 중 추납 신청자는 2,123명으로 0.036%에 불과했습니다.

예를 들어 월 300만 원 소득자가 군복무 2년간 추납 시 약 648만 원을 납부하면, 연금 수령액이 월 31만 8천 원 증가하고, 15년 동안 약 994만 원을 더 받을 수 있습니다. 여기에 소득공제 혜택까지 받을 수 있으니, 놓치기 아까운 기회입니다.

마지막으로 국가가 가입기간을 추가로 인정해 주는 크레딧 제도를 활용하는 것입니다. 출산크레딧과 군복무크레딧이 있는데요. 2008년 1월 1일 이후 둘째 자녀 이상을 얻거나 병역의무를 이행했을 때 가입기간을 추가로 인정해 주는 제도입니다. 출산 크레딧은 자녀수에 따라 최고 50개월까지 가입기간[9]을 인정해 주고 있습니다.

군복무 크레딧은 해당자에게 일괄적으로 6개월의 국민연금 가입기간[10]을 인정해 주고 있습니다. 국민연금법에서는 군복무 크레딧의 재원은 국가가 전부 부담한다고 명시하고 있으며, 출산크레딧 기간 산입에 대한 재원은 국가가 전부 또는 일부를 부담한다고 되어 있습니다. 현재는 출산 크레딧의 경우도 추가 보험료의 약 70%는 국민연금 기금에서, 나머지 약 30%는 국고에서 부담하고 있어 신청하는 가입자의 추가 부담은 없습니다.

또 다른 크레딧 제도로 실업크레딧 제도가 있습니다. 2016년 8월 1일부터 시행된 제도로, 구직급여를 받는 사람이 연금 보험료 납부를 희망하는 경우 본인이 25%를 부담하고 국가에서 75%를 부담합니다. 1인당 생애 최대 12개월까지 지원됩니다.

다만 실업크레딧은 저소득층 중심의 지원제도로, 일정 수준 이상의 재

---

9) 2025년 법개정으로 2026년 1월 1일부터 변경
   1. 자녀가 2명 이하인 경우: 자녀 1명마다 12개월을 더한 개월 수
   2. 자녀가 3명 이상인 경우: 첫째 및 둘째 자녀에 대하여 인정되는 24개월에 2자녀를 초과하는 자녀 1명마다 18개월을 더한 개월 수

10) 2025년 법개정으로 2026년 1월 1일부터 변경. 복무기간(12개월을 초과하면 12개월로 한다)을 가입기간에 추가로 산입한다.

산 보유자나 고소득자에 대한 보험료 지원은 되지 않습니다. 2025년 기준 재산세 과세표준이 6억 원 초과 또는 종합소득(사업 및 근로소득 제외) 합계가 1,680만 원을 초과하지 않아야 지원 대상에 포함됩니다.

제도	내용
임의 가입	전업주부, 27세 미만 학생 등 본인이 희망하여 가입
반납 제도	찾아갔던 반환일시금을 이자와 함께 공단에 반환하여 가입기간 회복
추납 제도	실직이나 사업중단 등으로 보험료를 납부하지 않은 기간,
	1개월 이상 납부한 날 이후의 무소득배우자 등으로 적용제외된 기간
	'88년 이후 군복무한 기간이 있는 경우 해당 기간을 추후에 납부
임의계속 가입 제도	60세가 되어 의무가입대상은 아니지만, 60세 이후에도 계속 가입
크레딧 제도	출산 크레딧, 군복부 크레딧, 실업 크레딧

(출처: 국민연금관리 공단 일부 인용)

국민연금 수령액을 늘리는 가장 중요한 전략은 결국 '가입기간의 최대화'입니다. 이 전략은 지금 당장 실천할 수 있으며, 이미 은퇴를 앞둔 상황에서도 제도를 통해 충분히 적용할 수 있습니다.

납부는 의무지만, 수령은 전략입니다. 국민연금, 어떻게 가입하느냐에 따라 미래의 연금액은 얼마든지 달라질 수 있습니다.

6.
사랑이 남긴 마지막 배려, 유족연금

2018년 개봉한 다큐멘터리 영화 〈나부야 나부야〉는 지리산 자락 작은 마을에서 78년을 함께한 90대 노부부의 이야기를 담고 있습니다.

거동이 불편한 순규 할머니를 위해 종수 할아버지가 군불을 지피고, 갓 낳은 달걀로 저녁을 준비하는 장면은 평생을 함께한 부부의 깊은 정을 고스란히 전합니다.

"둘이서 오래 건강하게 살다 같이 가자"던 할머니의 소망과는 달리, 세상은 늘 야속하게도 먼저 한 사람을 데려갑니다. 할머니가 세상을 떠나고, 홀로 툇마루에 앉아 있는 할아버지의 모습은 긴 여운을 남깁니다.

사랑하는 사람을 잃는 일은 말로 다 할 수 없는 슬픔입니다. 미국 심리학자 토머스 홈스와 리처드 라히의 '스트레스 척도(Holmes and Rahe Stress Scale)'에 따르면, 배우자의 사망은 인생에서 가장 큰 스트레스를 주는 사건으로 평가됩니다. 무려 100점 만점 중 100점. 직장 퇴직(45점), 가족의 죽음(63점)을 훌쩍 뛰어넘습니다. 여기에 경제적 어려움까지 더해진다면, 남겨진 이의 삶은 더욱 무거워질 수밖에 없습니다.

통계청에 따르면, 2023년 기준 60세 한국인의 기대수명은 남성 83.4세, 여성 88.2세입니다. 평균적으로 아내가 남편보다 5년 이상 더 오래 살아갑니다. 생계를 책임졌던 남편이 먼저 떠나고 아내가 홀로 남겨졌을 때, 감정적인 고통뿐 아니라 노후 생활비라는 현실적 부담이 동시에 찾아옵니다.

이때 국민연금의 유족연금 제도는 남겨진 배우자에게 든든한 삶의 버팀목이 됩니다. 국민연금 가입자가 사망하면, 유족연금은 배우자 → 자녀 → 부모 → 손자녀 → 조부모 순으로 지급되며, 배우자가 최우선 수급권자가 됩니다.

특히 배우자는 나이 제한 없이 평생 동안 유족연금을 수령할 수 있고, 연금은 매년 물가상승률을 반영하여 인상되기 때문에 실질 가치도 지켜집니다. 반면 자녀는 일정 조건을 충족해야만 받을 수 있습니다. 만 25세 미만이거나, 장애등급 2급 이상 또는 「장애인복지법」상 '심한 장애인'인 경우에만 수급이 가능합니다.

예를 들어, 만약 순규 할머니가 20년 이상 국민연금에 가입한 상태에서 세상을 떠났다면, 종수 할아버지는 할머니의 기본연금액의 60%와 부양가족연금액을 합한 금액을 매달 유족연금으로 받을 수 있습니다. 2025년 기준 부양가족연금액은 다음과 같습니다:

- 배우자: 300,330원
- 자녀 또는 부모: 각 200,160원

가입기간	10년 미만	10년 이상 20년 미만	20년 이상
연금액	기본연금액의 40% + 부양가족연금액	기본연금액의 50% + 부양가족연금액	기본연금액의 60% + 부양가족연금액

(유족연금 수령액, 출처: 국민연금관리공단)

그런데 만약 부부가 모두 노령연금을 받고 있다가 한 사람이 사망한다면 어떻게 될까요?

예를 들어, 종수 할아버지가 매달 150만 원, 순규 할머니가 매달 100만 원의 노령연금을 받고 계셨다고 가정해 보겠습니다. 할아버지는 본인의 노령연금을 계속 받을지, 아니면 할머니의 유족연금을 선택할지를 결정해야 합니다. 만약 유족연금을 선택하면, 할머니의 기본연금액 100만 원의 60%와 부양가족연금을 합쳐 약 62만 원을 받게 됩니다. 하지만 이는 본인의 연금보다 적기 때문에, 종수 할아버지는 본인의 노령연금을 유지하고, 할머니의 유족연금 중 일부(30%)만 추가로 받는 것이 더 유리합니다.

이 경우, 할아버지는 본인의 연금 150만 원에 유족연금의 30%인 약 18만 7천 원을 더해 매달 약 168만 7천 원을 수령하게 됩니다.

이처럼 유족연금은 단순한 경제적 보전 수단을 넘어, 남겨진 이가 존엄한 일상을 유지할 수 있도록 돕는 제도입니다. 사별의 고통 속에서도 삶을 지켜 줄 작은 안전망이 되어 주는 것이죠. 그리고 그 보호는, 남겨진 이만을 위한 것이 아닙니다. 세상을 먼저 떠나는 사람이 사랑하는 가족을 끝까지 지킬 수 있다는 마지막 배려이자 위안이 되기도 합니다. 그래서 유족연금은 사랑의 연장선이라 불려도 어색하지 않습니다.

그렇다면 부부가 함께 국민연금에 가입하면 어떤 장점이 있고, 주의할 점은 무엇일까요? 다음 장에서는 '부부의 연금 설계'에 대해 더 깊이 살펴보겠습니다.

7.
연금 맞벌이 부부, 꼭 알아야 할 선택의 법칙

국민연금에 대해 가장 자주 받는 질문 중 하나는 바로 "부부가 함께 가입하는 것이 유리한가요?"입니다. 남편과 아내가 모두 국민연금에 가입하면 연금을 두 배로 받을 수 있을지, 혹시 중복되거나 불이익이 있지는 않은지 궁금해하는 분들이 많습니다.

결론부터 말씀드리면, 부부가 각각 국민연금에 가입하면 수급연령이 되었을 때 각자 노령연금을 받을 수 있습니다. 이른바 '연금 맞벌이 부부'가 되는 것이죠. 한 사람이 받는 연금만으로는 생활이 빠듯한 경우가 많기 때문에, 부부가 함께 연금을 수령하는 구조는 노후의 안정성과 풍요로움을 크게 높여 줍니다.

국민연금공단에 따르면 2025년 1월 기준 부부 모두 노령연금을 받고 있는 수급자는 79.2만 쌍에 달합니다. 이는 2020년 42.7만 쌍에서 85%나 증가한 수치로, 그만큼 부부 동시 수급자는 계속 늘어나는 추세입니다. 또한 부부 합산 연금 월 300만 원 이상을 받는 수급자도 3,236쌍에 이릅니다. 2017년 3쌍에서 시작해 2023년에는 1,120쌍, 2024년 2,529쌍, 그리고 2025년 1월 현재 3,236쌍까지 폭발적으로 증가했습니다.

이제 국민연금만으로도 넉넉한 노후를 누리는 연금부자 부부들이 점점 늘고 있는 것입니다. 하지만, 사별 이후 상황은 달라질 수 있습니다 앞 장에서 소개했던 지리산 단천마을의 노부부처럼, 부부 중 한 사람이 먼저 세상을 떠날 경우 연금 수령 구조는 달라집니다.

국민연금법 제56조는 이렇게 규정하고 있습니다. '수급권자에게 2개 이상의 급여 수급권이 생기면, 수급자는 그중 하나를 선택해 받고, 나머지 급여의 지급은 정지된다.' 즉, 본인의 노령연금과 사망한 배우자의 유족연금 중 하나만 선택해서 받을 수 있다는 것입니다. 이 제도는 '중복급여 조정'이라고 부릅니다. 단, 예외적으로 자신의 노령연금을 유지하면서 유족연금의 30%만 추가로 수령하는 방식도 허용됩니다. 어떤 선택이 유리한지는 실제 금액을 기준으로 비교해 봐야 합니다.

■ 중복급여 조정 사례 비교: 남편 사망 시 아내의 선택

예시 1
- 남편 노령연금: 150만 원
- 아내 노령연금: 50만 원
- 유족연금: 150만 원 × 60% = 90만 원
- 중복 수급 시: 50만 원 + (90만 원 × 30%) = 77만 원
→ 본인 연금 포기 & 유족연금 90만 원 선택이 유리

예시 2
- 남편 노령연금: 150만 원
- 아내 노령연금: 100만 원

- 유족연금: 150만 원 × 60% = 90만 원
- 중복 수급 시: 100만 원 + (90만 원 × 30%) = 127만 원

→ 본인 연금 + 유족연금 일부 수령이 유리

이처럼 선택 구조에 따라 연금 수령액이 달라지기 때문에, 상황에 맞는 판단이 중요합니다. 본인 명의로 납부한 보험료가 연금 수령으로 이어지지 않을 수도 있습니다. 1번 사례처럼 유족연금을 전액 선택할 경우, 아내는 이후 본인의 노령연금을 받을 수 없습니다. 즉, 본인이 국민연금 보험료를 납부했더라도 유족연금을 선택하면 본인의 연금은 사라지고 받을 수 없게 됩니다.

물론 어떤 사람이 먼저 사망할지는 예측할 수 없습니다. 하지만 배우자가 연금 납입액이 많고, 자신보다 먼저 세상을 떠날 가능성이 높다면, 의무가입 대상이 아닌 사람은 국민연금 대신 개인연금이나 다른 수단을 통해 은퇴 설계를 보완하는 것도 전략이 될 수 있습니다.

참고로, 공무원연금이나 군인연금은 유족연금 중복조정 비율이 50%인데 비해, 국민연금은 30%만 허용하고 있어 상대적으로 불리합니다. 그래서 중복급여 조정률을 40%나 50%로 상향하자는 법안이 발의되기도 했지만, 아직 통과되지는 못했습니다. 핵심 전략은 부부가 함께 노령연금을 받는 기간을 최대화하는 것입니다.

누구나 언젠가 한 명이 먼저 세상을 떠나게 됩니다. 하지만 유족연금을 선택해야 하는 시점을 가능한 늦추는 것, 즉 부부가 함께 노령연금을 받는 기간을 최대한 길게 유지하는 것이 가장 유리한 전략입니다. 물론 수

명은 계획할 수 없지만, 서로를 위해 더 건강하게 오래 살아야 할 이유가 하나 더 생겼다고 생각해 보면 어떨까요?

한 가지 더 짚고 넘어가야 할 부분이 있습니다. 유족연금을 받고 있는 상태에서 재혼을 하게 되면 연금은 어떻게 될까요?

국민연금법 제75조에 따르면, 배우자인 유족연금 수급자가 재혼할 경우, 수급권은 소멸됩니다. 즉, 재혼하면 유족연금을 더 이상 받을 수 없게 됩니다. 통계청 자료에 따르면, 2024년 기준 60세 이상 재혼 인구는 12,478명입니다. 재혼은 새로운 출발이지만, 유족연금 수급자라면 이 부분도 충분히 고려해야 할 요소입니다.

국민연금은 단지 개인의 노후 대비책만이 아닙니다. 배우자와 함께 노후를 설계하고, 사별 이후에도 남겨진 이의 삶을 지켜 주는 가족을 위한 제도적 안전망이기도 합니다. 다음 장에서는 부부가 이혼할 경우 연금 수령은 어떻게 되는지, 이혼 시 연금 분할 제도에 대해 살펴보겠습니다.

8.
이혼하면 국민연금도 나눌 수 있을까?

지리산 단천마을 노부부처럼 평생을 함께하며 백년해로하는 삶이 가장 이상적일지 모릅니다. 하지만 현실은 조금 다릅니다. 우리 사회에서 이혼은 더 이상 낯선 일이 아닙니다.

통계청에 따르면, 2023년 한 해 동안 이혼 건수는 91,151건, 조이혼율(인구 1,000명당)은 1.8입니다. 1970년에는 이혼 건수가 11,615건, 조이혼율이 0.4였던 것을 생각하면 큰 폭의 증가입니다. 이혼하면 재산을 나누는 분할이 중요한 문제로 떠오르듯, 국민연금도 일정 조건을 충족하면 나눠 받을 수 있다는 사실을 알고 계신가요?

이혼한 배우자의 노령연금을 나누어 받는 제도를 분할연금이라고 합니다. 이는 혼인 기간 동안 상대방의 정신적·물질적 기여를 인정하고, 이혼 후에도 안정적인 노후 생활을 보장하기 위해 마련된 제도입니다. 특히 여성 수급자가 많은 편이며, 지급액도 꾸준히 증가하고 있습니다.

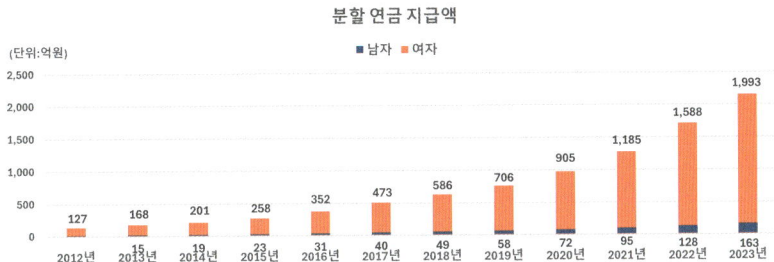

(출처: 국가통계포털 통계자료 활용 챠트 작성)

분할연금을 받기 위해서는 다음 세 가지 요건을 모두 충족해야 합니다.

① 배우자가 국민연금 노령연금을 받고 있어야 합니다.
② 혼인 기간이 5년 이상이어야 합니다.
③ 본인(청구자)이 분할연금 수령 가능 연령에 도달해야 합니다.

여기서 수령 가능 연령은 노령연금 수령 가능 나이와 동일하며, 출생연도에 따라 아래와 같이 달라집니다.

출생연도	~1952년	1953~1956년	1957~1960년	1961~1964년	1965~1968년	1969년
분할연금 지급가능연령	60세	61세	62세	63세	64세	65세

(분할연금 지급가능 연령, 출처: 국민연금관리공단)

분할연금은 혼인 기간 동안 납부된 국민연금에 해당하는 금액의 절반을 원칙적으로 나누어 받는 구조입니다. 예를 들어, 배우자가 매월 200만 원의 노령연금을 받고 있고, 그 중 혼인 기간에 해당하는 연금액이 100만 원이라면, 분할연금 수급자는 절반인 50만 원을 받을 수 있습니다.

다만, 2016년 12월 30일 이후부터는 법원의 판결이나 이혼 당사자 간의 협의에 따라 분할 비율을 조정할 수 있는 길도 열려 있습니다. 이는 맞벌이 부부 또는 기여도에 차이가 있는 부부에게 유연하게 적용할 수 있는 제도적 장치입니다. 그리고 분할연금은 다음과 같은 특징이 있습니다.

- 이혼한 배우자가 노령연금 수령 중 연금 지급이 중지되거나 소멸되어도, 분할연금은 계속해서 지급됩니다.
- 이혼한 배우자가 사망하더라도 분할연금 수급자는 연금을 계속 받을 수 있습니다.
- 앞장에서 설명한 유족연금과의 중복급여 조정 규정이 적용되지 않으므로, 감액 없이 전액을 수령할 수 있습니다.
- 또한, 본인이 노령연금을 수령할 나이가 되면 본인의 연금과 분할연금을 합산해서 받을 수 있습니다.

이처럼 분할연금은 본인의 국민연금과는 별도로 인정되는 독립적인 수급권입니다. 따라서 이혼한 배우자의 연금 수급 여부나 생존 여부와 관계없이 계속 지급된다는 점에서 제도적으로 매우 중요한 의미를 갖습니다.

분할연금은 상대 배우자가 노령연금 수령 시점이 되어야 지급이 시작되는데, 상대방이 아직 연금 수령 가능 연령에 도달하지 않았다면 "선 청구 제도"를 이용할 수 있습니다.

이혼일로부터 3년 이내에 미리 청구해 두면, 상대방이 노령연금을 받기 시작하는 시점부터 자동으로 분할연금이 지급됩니다. 즉, 지금 당장은 못 받더라도 권리는 미리 확보해 둘 수 있다는 점에서 꼭 기억해 둘 만한 제도입니다. 혼인과 이혼은 감정의 문제일 뿐 아니라 노후의 경제와도 직결되는 선택이 될 수 있습니다.

분할연금 제도는 오랜 시간 함께한 기여를 인정하고, 이혼 이후에도 한쪽이 경제적 불안에 빠지지 않도록 마련된 최소한의 안전장치입니다. 혼인 기간이 길었던 분들이라면, 이 제도를 미리 알고 잘 활용하는 것만으로도 노후의 불안을 줄이고 더 안정된 삶을 설계할 수 있습니다.

9.
국민연금, 지금 받을까, 나중에 받을까?

선풍적인 인기를 누리며 우리나라에서도 베스트셀러에 올랐던 책 『마시멜로 이야기』를 기억하시나요? 이 책에는 유명한 "마시멜로 실험" 이야기가 나옵니다. 연구원은 4~5세 아이들에게 마시멜로를 주고 이런 얘기를 합니다.

"마시멜로를 지금 먹어도 되지만, 내가 나갔다가 15분 후 돌아올 때까지 먹지 않고 있으면 두 개를 먹을 수 있어."

그러면 아이는 연구원이 나가자마자 마시멜로를 먹을 건지 또는 15분을 참을지 선택을 합니다. 실험의 결론은 마시멜로를 참지 못해 먹은 아이들 그룹과 15분을 참아 두 개를 먹은 아이들 그룹으로 나누어 성장 과정을 분석하니 15분을 참아 두 개의 마시멜로를 먹은 아이들 그룹이 더 훌륭하게 성장했다는 겁니다.

물론 이 연구의 결론에 대해서는 아직도 여러 논쟁이 있습니다. 그런데 국민연금의 노령연금을 수령할 때는 "마시멜로 실험"보다 더 복잡한 선택이 있답니다.

연금 수령을 개시하는 시점에 대한 선택인데요. 아래 세 가지 경우 중 하나를 결정해야 합니다.

1) 노령연금을 개시 연령에 받는다
2) 노령연금을 개시연령보다 더 일찍 당겨 받는다 (최대 5년까지 조기 수령 가능)
3) 노령연금을 개시연령보다 더 늦추어 받는다 (최대 5년까지 연기 수령 가능)

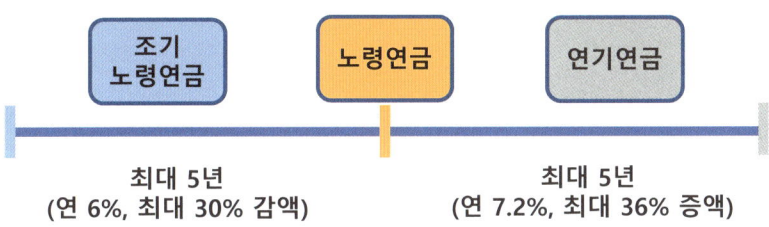

마시멜로 실험의 선택에는 15분을 참으면 고작 마시멜로 1개를 더 받는 보상 차이가 있지만 국민연금에서는 선택할 수 있는 연금 수령시점이 최대 10년, 연금수령액도 단순 계산해도 최대 66%p 차이가 납니다.

인생은 선택의 연속이라고 했던가요? 언제부터 연금을 받는 것이 가장 유리한지 고민이 될 수밖에 없습니다. 객관적인 유불리를 따져보기 위해 선택에 따른 예상 연금액을 살펴보겠습니다.

2025년 기준 만 59세인 1966년생 가입자로 만 64세에 현재 금액 기준 100만 원의 연금수령이 예상될 때 각각의 매년 누적 연금수령액을 계산해 보았습니다. 매년 연금상승률은 3%로 가정하였습니다. 참고로 1999년부터 2024년까지의 연평균 연금상승률은 2.63%입니다. 59세(조기연령 수령나이), 64세(노령연금 수령나이), 그리고 69세(연기연령 수령나이)에 개시되는 월 연금 수령액은 다음과 같이 가정하였습니다. 비교방법이나 연금액 가정에 따라 결과는 조금씩 다를 수 있다는 것은 참고해 주시기 바랍니다.

- ☑ 59세 : 100만 원 × 30% 감액 = 700,000원
- ☑ 64세 :100만 원의 5년간 연 3% 증가값 = 1,159,270원
- ☑ 69세 : 1,159,270원의 5년간 연 3% 증가값 = 1,343,920원
  => 1,343,920 × 136% = 1,827,730원

연금을 수령하여 재투자해서 발생하는 운용수익률은 감안하지 않았습니다.

(단위:백만원)

나이	조기노령연금	노령연금	연기연금
59 세	8	-	-
60 세	17	-	-
70 세	119	107	45
73 세	156	159	116
75 세	183	197	168
76 세	197	217	195
77 세	211	238	223
78 세	226	259	251
79 세	241	280	281
80 세	257	303	311
96 세	581	766	942
100 세	689	921	1,152

도표를 보면 각 노령연금의 나이별 누적 연금액이 일단 이 가입자의 경우 73세부터 조기노령연금보다 노령연금의 누적 연금수령액이 많아집니다. 그리고 77세에는 연기연금이 조기노령연금보다 누적 연금수령액이 더 많아지게 되네요. 79세가 되면 연기연금이 노령연금의 누적연금액도 초과하게 되어 가장 유리해지기 시작합니다.

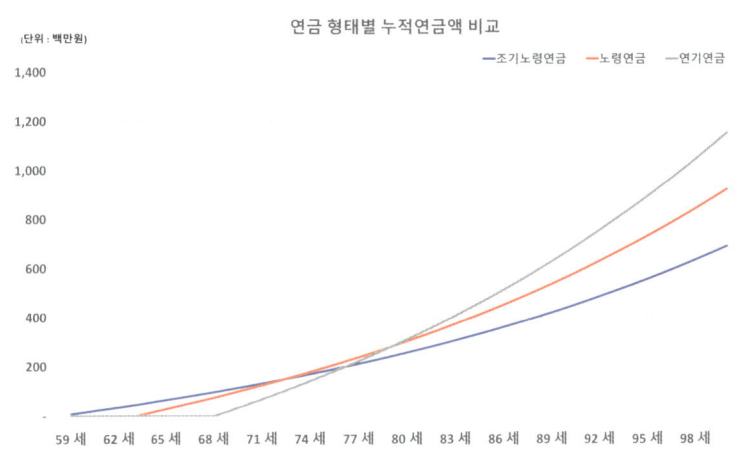

　심플하게 생각하면 30% 감액되는 59세 조기노령연금이나 64세 시작되는 노령연금보다 36% 증액되는 69세에 연기연금을 신청하는 것이 가장 유리해 보입니다. 79세 이후부터는 세 가지 경우 중 가장 누적 연금수령액이 많고 100세까지 생존할 경우 조기노령연금과 비교하면 누적연금액이 4억 6천만 원 넘는 차이가 있으니까요.

　하지만 다양한 경우를 감안해서 판단해야 하는데 그중 몇 가지 기준을 살펴보겠습니다.

우선 가입자의 기대 수명입니다. 즉 연금을 수령할 수 있는 총기간입니다. 기대 수명이 길면 길수록 연기연금이 제일 유리하고 조기노령연금이 가장 불리하겠지요. 참고로 통계청에서 발표한 "2023년 생명표"에 따르면 2023년 60세 남자의 기대여명은 23.4년 여자는 28.2년입니다. 다시 말해 2023년에 60세인 남자는 약 83세, 여자는 약 88세까지 살 것으로 기대된다는 말입니다.

위의 표에서 연기연금이 유리해지는 시점이 79세라는 점을 고려하면, 평균 수명 이상 사는 경우에는 연기연금이 훨씬 유리하다는 계산이 나옵니다. 물론 전체국민을 대상으로 한 통계자료는 참고 사항이고 개인의 건강까지 고려해서 수령기간을 판단하는 것이 가장 합리적입니다.

사실 가입자뿐 아니라 배우자의 수명도 고려 기준에 포함할 필요가 있습니다. 가입자 사망 후 배우자가 유족연금을 선택할 수도 있으며 이럴 경우 배우자의 수명과 연금 수령액도 함께 감안해야 유리한 결정을 할 수 있거든요. 다만 연기연금을 신청한 경우 지급연기에 따른 노령연금액의 가산은 유족연금 산정에는 반영되지 않는다는 것을 참고하여야 합니다.

두 번째는 가입자의 소득 수준입니다. 위 예시에서 59세인 가입자가 소득이 없다면 우선 조기노령연금을 신청하는 것이 맞겠습니다. 그런데 노령연금을 수령하는 동안 일정 금액 이상의 소득이 있으면 조기노령연금은 지급이 정지되고 노령연금은 감액되어 지급됩니다.

여기서 일정 금액은 'A값'인데 'A값'은 앞서 "국민연금, 이 기본만 알면 훨씬 쉬워진다."에서 설명드린 대로 연금수급 직전 3년간의 국민연금 전체 가입자의 평균월소득액의 평균액을 말합니다. 2025년 기준 A값은

3,089,062원입니다. 즉 소득이 월 3,089,062원을 넘게 되면 조기노령연금은 지급이 정지되고 노령연금, 연기연금의 형태로 지급받는 연금의 수령액은 소득금액에 따라 감액되는 것이죠.

　소득의 기준은 사업소득금액(필요경비 공제 후 금액)과 근로소득금액(근로소득 공제 후 금액)을 합산한 금액을 2025년도에 근무한 개월 수로 나눈 금액입니다. 만약 사업소득 없이 근로소득만 있다면, 2025년 현재 소득세법 기준으로 총급여가 월 410만 원 이하일 경우 근로소득금액이 A값인 3,089,062원을 초과하지 않아 조기노령연금 지급이 정지되지 않고 노령연금도 감액되지 않습니다. 따라서 연금 수령기간 동안의 가입자가 예상하는 소득 수준을 감안해서 판단하는 것이 중요합니다.

　마지막으로 건강보험료에 어떤 영향을 끼치는가입니다. 은퇴 후에는 자녀들 직장건강보험의 피부양자로 건강보험 혜택을 받는 경우가 많습니다. 그런데 연 소득이 2,000만 원을 넘게 되면 피부양자 자격에서 탈락됩니다. 연금소득을 포함한 연소득이므로 연금 수령액이 증가하여 지역가입자로 전환되는지 살펴볼 필요가 있습니다.

　최근 이런 이유로 연소득을 2,000만 원 이하로 유지하기 위해 연금수령액이 감액되는 조기노령연금 신청자가 늘어나고 있다는 분석입니다.

　다만 피부양자 자격 기준은 향후 변경될 수도 있다는 점과 지역가입자로서 부담해야 하는 보험료와 연금수령액의 차이가 얼마나 되는지 살펴보고 유불리를 판단해야겠지요.

그럼 우리나라 국민연금 가입자들의 어떤 연금형태를 선호할까요? 통계청 자료를 보면 조기연금 수급자수가 꾸준하게 증가하는 걸 알 수 있습니다.

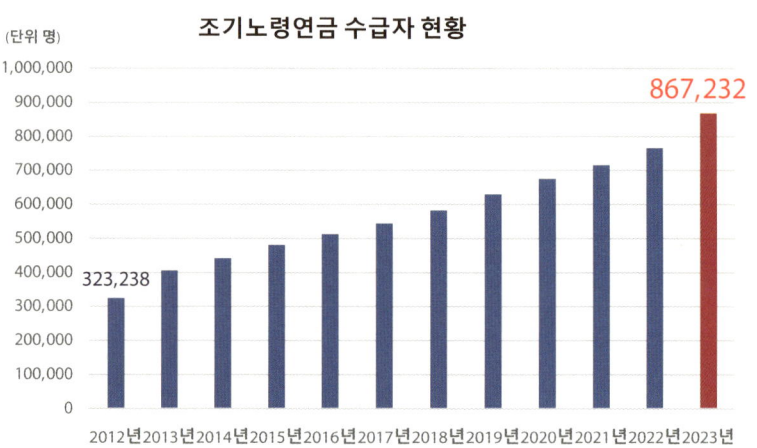

(출처: 국가통계포털 통계자료 활용 챠트 작성)

마시멜로 실험의 결론이 여러 논란이 있는 것처럼 노령연금의 수령시기 선택에도 모두에게 적용되는 정답이 정해져 있는 것은 아닙니다. 다만 위에 설명드린 세 가지 기준과 더불어 가입자의 상황을 잘 분석하여 연금 수령시기를 선택하면 국민연금 제도를 최대한 활용하는 현명한 은퇴 생활자가 되겠습니다.

10.
몰라서 못 쓰는 국민연금 보험료 지원 4가지

대기업 마케팅부서에서 근무하던 40대 김연금 씨는 지난해 명예퇴직을 했습니다. 회사가 급변하는 시장 환경에 대응하기 위해 대대적인 조직 개편에 나섰고, 그 과정에서 마케팅 부서의 인력 감축이 불가피해졌기 때문입니다.

김연금 씨는 실업급여(구직급여)를 받으며 새로운 일자리를 찾아보고 있지만 갑작스러운 실직으로 생활비를 마련하기도 팍팍한 상황이라 매월 납부하는 국민연금 보험료가 부담스럽기만 합니다. 이처럼 실직 등의 사유가 있을 때 국민연금 보험료 지원 제도가 있으면 좋겠지요. 국민연금은 사적 연금에서는 볼 수 없는 다양한 혜택이 있다고 여러 번 말씀드렸는데요 김연금 씨의 경우처럼 보험료 납입이 어려운 가입자들을 위한 국민연금 보험료 지원 제도가 있습니다.

이윤추구가 주요 목적인 사기업 금융회사와 달리 국민의 생활 안정과 복지 증진에 이바지하는 것을 목적하는 국민연금이기 때문에 가능한 것입니다. 국민연금에는 실업 크레딧이라는 지원제도가 있습니다.

김연금 씨의 경우는 보험료의 75%를 월 47,250원 한도로 최대 12개월까지 지원받을 수 있습니다. 물론 재산, 소득 요건을 충족하여야 하지만 실직 상태에 있는 김연금 씨에게는 큰 힘이 될 수 있는 제도입니다.

2025년 기준, 지원 대상은 재산세 과세표준의 합이 6억 원 이하이고, 종합소득(사업 및 근로소득 제외)이 연 1,680만 원 이하인 사람입니다.

예를 들어, 시세 약 18억 원 아파트의 공시가격이 약 10억 원이라고 가정하면, 공시가격의 60% 수준이 과세표준[11]이므로 해당 기준을 충족하는 실업자라면 실업크레딧의 대상이 될 수 있습니다. 그만큼 적극적으로 활용할 만한 가치가 있는 제도입니다.

◎ 실업크레딧 지원현황

(단위: 명, 백만 원)

구분	'16년 이후 총누계	2018년	2019년	2020년	2021년	2022년	2023년
지원 인원	2,583,655	440,448	463,927	606,833	665,997	584,351	563,362
지원 금액	622,845	67,867	72,369	107,434	119,660	103,118	96,216

※ '16년 8월부터 제도 시행 (출처: 국민연금관리공단)

국민연금에는 실업크레딧을 포함한 총 4가지 주요 보험료 지원 제도가 있습니다. 하나씩 간단히 살펴보겠습니다.

첫 번째는 두루누리 지원제도입니다. 근로자 수가 10인 미만인 소규모 사업장에서 일하는 월평균 소득 270만 원 미만의 근로자라면, 국민연금

---

11) 지방세법 시행령 제109조. 주택은 시가표준액의 100분의 60. 1세대 1주택의 경우 100분의 43~ 45

보험료의 최대 80%를 국가에서 지원받을 수 있습니다. 나머지 20%는 사업주와 근로자가 각각 10%씩 부담하면 됩니다. 이는 일반 사업장 가입자가 근로자와 사업주가 50%씩 부담하는 구조와 비교하면 상당한 혜택입니다.

두 번째는 사례로 든 김연금 씨와 같은 분이 활용할 수 있는 실업 크레딧 제도입니다. 국민연금 보험료를 1개월 이상 납부한 구직(실업) 급여 수급자가 보험료의 75%까지 지원받을 수 있으니 실직으로 보험료 납부가 부담스러운 가입자에게 좋은 제도입니다.

세 번째는 농어업인 국민연금 보험료 지원제도가 있습니다. 농업인, 어업인들은 신고한 월 소득에 따라 보험료의 50%를 지원받을 수 있는데 2025년 기준 최대 월 46,350원을 국고에서 지원받을 수 있는 제도입니다. 2025년 현재 월 보험료가 92,700원을 초과하면 월 46,350원을, 월 보험료가 92,700원 이하이면 보험료의 1/2만큼 지원받을 수 있습니다.

마지막 네 번째로 지역가입자 보험료 지원제도가 있습니다. 사업중단, 실직, 휴직 사유로 납부 예외 중인 지역가입자가 납부재개를 신청할 경우 국민연금 보험료 50% 월 최대 46,350원을 지원해 주는 제도입니다. 제도별 지원대상 및 요건 등은 아래 표를 참고하시면 됩니다.

구분	두루누리 연금보험료 지원	실업크레딧 지원	농어업인 연금보험료 지원	지역가입자 연금보험료 지원
시행	2012년 7월	'2016년 8월	1995년 7월	2022년 7월
근거	국민연금법 제100조의 3	국민연금법 제19조의 2	국민연금법 부칙 제 8541호	국민연금법 제100조의 4
도입 목적	저임금 근로자의 노후소득 보장	구직급여 수급자의 노후소득 보장	농어업인의 노후소득 보장	저소득 지역가입자의 노후 소득 보장
지원 대상	10인 미만 사업장의 월 270만 원 미만 근로자 (사업장 관리자)	구직급여 수급자 (지역 가입자)	농어업인 (지역가입자 및 지역임의계속 가입자)	납부예외자 중 납부 재개자 (지역가입자) (주1)
지원 수준	보험료의 80% (최대 약 165,600원/월)	보험료의 75% 보험료 (최대 약 47,250원/월)	보험료의 50% (최대 46,350원/월)	보험료의 50% (최대 46,350원/월)
재산 소득 요건	재산 : 6억 원 미만이고 종합소득 : 연 4,300만 원 미만	재산 : 6억 원 이하이고 종합소득 : 연 1,680만 원 이하 ♣ 사업, 근로소득 제외	재산 : 12억 원 미만 이고 종합소득 : 6,000만 원 미만	재산 : 6억 원 미만 이고 종합소득 : 1,680만 원 미만 ♣ 사업, 근로소득 제외
지원 기간	최대 36개월	최대 12개월	제한 없음 (다만 일몰기한규정에 따라 2031년 12월 31일까지 지원)	최대 12개월

(주1) 2026년부터 일정소득 미만의 저소득지역가입자로 대상 확대 (납부재개 요건 삭제)

(국민연금 보험료 지원제도. 출처: 국민연금관리공단 자료 활용 작성)

    국민연금은 노후에 안정적인 연금지급을 통해 국민의 기본적인 생활을 유지할 수 있도록 돕는 사회보장제도입니다. 그래서 가능한 꾸준한 보험료 납입을 지원하는 제도가 운영되고 있습니다. 국민연금 지원제도를 최대한 활용하여 슬기롭고 안정된 노후를 준비하려면, 지원 대상과 요건을 꼼꼼히 확인하는 것이 중요합니다.

11.
국민연금과 군인연금 같이 받기

얼마 전, 항공사 기장으로 일하는 친구와 오랜만에 점심을 함께했습니다. 어릴 적부터 조종사를 꿈꾸던 그는 그 꿈을 이루기 위해 사관학교에 진학했고, 졸업 후 군 조종사로 복무하다 약 15년 만에 전역했습니다. 현재는 민간 항공사 기장으로 근무 중인데, 군에서 다져진 비행 경험 덕분에 지금의 직장에서도 좋은 평가를 받고 있다며 만족스러운 미소를 지었습니다.

하지만 안타까운 점도 하나 있었습니다. "15년이나 복무했는데 군인연금을 못 받으니 좀 아쉽더라."는 말이었습니다. 실제로 군인연금법[12]에는 20년 이상 복무한 군인에게만 퇴역연금을 지급한다고 규정되어 있어, 복무기간이 20년에 미치지 못하면 퇴직일시금만 수령하게 됩니다.

이처럼 직업상 연금 제도를 바꾸게 되는 사람 중, 가입기간이 부족해 양쪽 모두에서 연금을 수령하지 못하는 경우가 예전에는 꽤 많았습니다. 예를 들어, 군 복무 17년 후 전역한 뒤 민간 기업에서 8년간 국민연금에 가입한 경우, 군인연금도 국민연금도 수령 기준(각각 20년·10년)을 충족하

---

12) 군인연금법 제21조 1항

지 못해 두 제도에서 모두 연금을 받지 못하는 일이 생겼던 것이죠.

이런 문제를 해결하고자 2009년 8월 7일부터 '공적연금 연계제도'가 시행되었습니다. 공적연금 연계제도란, 국민연금과 공무원연금·군인연금·사학연금 등의 직역연금 간 가입기간을 합산해 최소 수급 자격을 갖출 수 있도록 하는 제도입니다. 과거처럼 한 직장에서만 일하는 시대는 지났고, 직업 간 이동도 자연스러운 요즘. 제도 간 단절 없이 국민의 노후보장을 이어가려는 취지로 도입된 장치입니다.

예를 들어 군에서 17년 복무하고 민간에서 8년간 국민연금에 가입한 경우, 공적연금 연계제도를 통해 총 25년의 가입기간으로 인정받을 수 있습니다. 이때 지급은 두 제도에서 각자의 규정에 따라 별도로 이뤄집니다. 군 복무기간에 해당하는 연금은 군인연금법에 따라, 국민연금 가입기간은 국민연금법에 따라 산정되어, 각각 따로 평생 지급됩니다.

다만, 연계제도는 누구나 신청할 수 있는 것은 아닙니다. 아래 조건을 모두 충족해야만 가능합니다.

■ 공적연금 연계 신청 대상 요건

① 법 시행일(2009년 8월 7일) 이후 연금제도 간 이동한 경우
② 국민연금 가입자였던 사람이 2007년 7월 23일 이후 직역연금으로 이동한 경우
③ 법 공포일(2009년 2월 6일) 당시 각 연금에 가입(재직) 중인 자가 법 공포일 이후 다른 연금으로 이동한 경우

사실 친구는 법 공포일, 시행일 이전인 2008년에 전역하여 아쉽게도 공적연금 연계제도를 신청할 수 없었던 겁니다.

국민연금공단의 「공적연금 연계제도 추계모형(2020)」 자료에 따르면, 2019년 기준 공무원연금·군인연금·사학연금 등 직역연금에서 국민연금으로 연계 신청한 사람은 41,116명, 국민연금에서 직역연금으로 연계 신청한 사람은 91,065명에 달합니다. 이처럼 매년 적지 않은 국민이 연금 제도 간 이동을 경험하고 있으며, 제도 간 단절 없이 연금 수급권을 이어 가기 위한 연계 신청이 활발히 이뤄지고 있음을 보여 줍니다.

또한 공적연금연계제도 공식 홈페이지 통계에 따르면, 연도별 연계신청 건수는 해마다 꾸준히 증가하고 있습니다. 이는 연금 간 연계를 통해 불이익 없이 노후소득을 확보하려는 국민들의 관심이 높아지고 있다는 점을 방증합니다.

(출처: 공적연금연계제도 홈페이지, 보건복지부 자료로 챠트 작성)

공적연금 연계제도는 두 개 이상의 연금 가입기간을 합산해 국민연금과 타 공적연금을 모두 수령할 수 있는 장점이 있지만, 신청 전에 반드시 유의해야 할 사항들도 있습니다.

연금개시연령을 출생연도에 따라 정해지므로 연계 전보다 연금 수급 시기가 늦어질 수 있습니다.

예를 들어, 1973년생 A 씨가 군인연금 20년을 채우고 전역한 뒤, 사기업에서 3년간 국민연금에 가입했다면, 연계를 신청하지 않는 경우에는 군인연금은 바로 퇴역연금으로 수령할 수 있고, 국민연금 가입분은 일시금으로 환급받게 됩니다.

하지만 공적연금 연계제도를 신청하면 사정이 달라집니다. 1973년생의 국민연금 개시연령은 65세이므로, 군인연금 수령도 함께 65세까지 늦춰지게 됩니다. 현재 나이가 50세라면, 군인연금 수령 시기가 무려 15년이나 뒤로 미뤄지는 셈입니다.

공적연금연계제도는 본인의 판단으로 신청하는 것이라 원칙적으로 신청 후 취소도 되지 않습니다. 따라서 연계 신청 전에는 연금 수급 시기, 총 수령액, 개인의 재무 상태와 건강 상태 등을 종합적으로 검토하는 것이 중요합니다. 단순히 "가입기간이 합산되면 유리하다"는 판단만으로 신청했다가, 오히려 연금 수령 시점이 지연되어 불이익을 받을 수 있으니 주의가 필요합니다. 따라서 가입자의 상황과 연금 수령시기에 대해 충분한 유불리를 검토하고 신청하는 것이 중요합니다.

12.
소득이 많으면 국민연금을 못 받는다? 진실과 해법

제가 고객으로 모셨던 김연금(가명) 씨는 부동산 임대업과 자영업을 병행하며 월 1천만 원이 넘는 안정된 소득을 꾸준히 올리는 분이었습니다. 생활에 큰 어려움이 없었지만, 국민연금 수령을 앞두고 한 가지 고민이 생겼습니다.

"국민연금은 평생 꾸준히 납부했는데, 소득이 많으면 연금이 줄어든다고 하더라고요. 정말 손해 보는 거 아닌가요?"

김연금 씨는 1962년생으로, 2024년 기준 만 62세. 1년 뒤인 2025년부터 국민연금(노령연금)을 받을 예정이었습니다.

하지만 30년 넘게 납부한 연금인데도 불구하고, 소득이 많다는 이유로 감액된다고 하니 억울하다는 말도 하셨죠. 사실 국민연금은 소득 재분배 기능을 가진 제도입니다. 전체 가입자의 평균 소득인 A값과 가입자 본인의 평균 소득인 B값이 함께 반영되어 연금이 산정되죠. 그러다 보니, 수령 시점에서도 소득이 있는 수급자에 대해선 '연금 감액' 규정을 두고 있습니다.

조기노령연금과 노령연금 수급자 모두 감액 대상이 될 수 있는데, 조건이 조금 다릅니다.

먼저 조기노령연금은 원래 수령 시점보다 최대 5년 이르게 신청해 감액된 연금을 받는 제도입니다. 하지만 이 경우, 소득이 일정 수준(A값)을 초과하면 아예 지급이 정지됩니다.[13]

반면, 정상 노령연금 수급자는 개시 후 5년 동안만 소득에 따라 연금이 감액되며, 그 이후에는 감액 없이 전액 수령하게 됩니다.[14] 여기서 말하는 '소득'이란 단순한 월세 수입이 아니라 근로소득금액과 사업소득금액(각각 근로소득공제, 필요경비 공제 후 금액)을 합산한 월 소득을 의미합니다. 그리고 그 기준이 되는 A값은 2025년 기준 3,089,062원입니다. 소득이 A값을 넘을 경우 감액이 적용되는데, 얼마나 줄어드는지는 아래 표를 통해 확인해 볼 수 있습니다.

소득활동에 따른 노령연금액 소득구간별 감액표

A값 초과소득월액	노령연금 지급 감액 산식	월 감액금액
100만원 미만	초과 소득월액분의 5%	5만원 미만
100만원 이상 ~ 200만원 미만	5만원 + (초과소득액 - 100만원) x 10%	5만원 이상 ~ 15만원 미만
200만원 이상 ~ 300만원 미만	15만원 + (초과소득액 - 200만원) x 15%	15만원 이상 ~ 30만원 미만
300만원 이상 ~ 400만원 미만	30만원 + (초과소득액 - 300만원) x 20%	30만원 이상 ~ 50만원 미만
400만원 이상	50만원 + (초과소득액 - 400만원) x 25%	50만원 이상

---

13) 국민연금법 제66조 1항
14) 국민연금법 제63조의 2

2015년 7월 29일 이전 수급권 취득자는 위 표의 산식이 아니라 나이에 따른 지급률을 적용하였는데 오래전 법 개정이 되었기 때문에 이후 수급권 취득자 기준으로 설명드립니다.

김연금 씨 사례로 직접 계산해 볼까요?

월 임대소득 1천만 원, 필요경비가 월 1백만 원이라고 가정하면 사업소득금액은 월 900만 원입니다. 여기서 A값을 초과한 금액은 900만 원 - 3,089,062원 = 5,910,938원. 이는 400만 원 초과 구간이므로, 감액금액은 50만 원 + (5,910,938 - 400만 원) × 25% = 약 97만 원이 됩니다.

김연금 씨가 내년에 받을 예정인 연금이 120만 원이라면, 실제 수령액은 120만 원 - 97만 원 = 약 23만 원밖에 안 되는 셈이죠.

너무한 것 같다고요? 그래서 법에서는 다음과 같은 두 가지 제한 조건을 둡니다.

① 연금 감액은 수급 개시 후 5년까지만 적용됩니다.
② 감액 금액은 원래 연금의 50%를 넘지 않도록 제한합니다.

즉, 김연금 씨는 120만 원의 50%인 60만 원까지만 감액되고, 실제 수령액은 60만 원이 됩니다. 그래도 적지요. 그렇다면 대안은 없을까요?

김연금 씨의 고민을 듣고 저는 "연기연금은 고려해 보셨나요?"라고 조심스럽게 물었습니다. 연기연금은 연금 수령 시기를 늦추는 대신 수령액을 더 받는 제도입니다. 1년 연기 시 7.2%, 최대 5년 연기 시 36%까지 증가합니다. 김연금 씨처럼 이미 소득이 충분하고 당장 연금이 없어도 생활에 지장이 없다면, 연금을 5년 연기하고 감액 없이, 거기에 36%를 더해 받는 것이 더 유리한 선택입니다.

정리하면, 지금 연금을 받으면 소득 때문에 5년간 감액되고, 5년 뒤에도 원래 연금액으로 돌아갈 뿐입니다. 반면, 5년 연기를 선택하면 감액도 없고 연금액도 36% 더 많아집니다. 현재 소득이 충분하고 건강에 문제없다면, "조금 늦게, 더 많이 받는다"는 연기연금 전략이 훨씬 유리하다는 얘기죠.

김연금 씨처럼 소득이 있는 수급자나 취업 등으로 새롭게 소득이 생긴 수급자라면, 연기연금을 전략적으로 활용해 보는 것을 꼭 고려해 보시기 바랍니다.

PART 3.

기초연금.
노후의 최소한을
지켜 주는 안전망

1.
보험료 한 푼 안 내고 받는 연금,
기초연금의 비밀

　보험료를 한 푼도 내지 않고 받을 수 있는 연금이 있다는 사실, 알고 계셨나요? 보통 연금은 우리가 노후를 대비해서 소득이 있을 때 보험료를 내고 나중에 돌려받는 방식이죠. 그런데 기초연금은 조금 다릅니다. 보험료를 전혀 내지 않아도 받을 수 있는 특별한 연금이에요.

　기초연금은 이른바 '비기여형' 공적연금으로, 노후 준비가 부족한 어르신들의 생활 안정을 위해 국가가 직접 지원하는 제도입니다. 이 기초연금의 재원은 국가와 지방자치단체가 함께 부담하는데요, 2023년 기준으로 보면 국가가 약 82%, 지방자치단체가 18% 정도를 지원했습니다.

　2025년에는 기초연금 예산으로 무려 26조 1천억 원이 편성됐습니다. 우리나라 전체 예산인 673조 3천억 원 중에서도 상당히 큰 비중이죠.

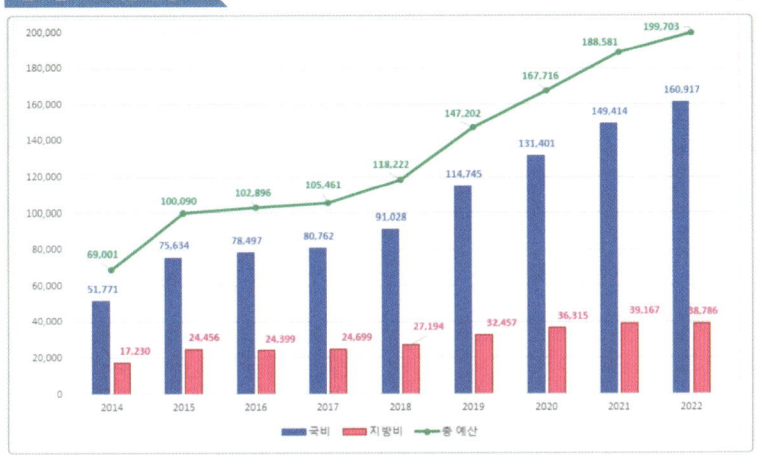

(출처: 통계로 본 2023년 기초연금. 보건복지부)

　기초연금의 역사는 1991년 시작된 노령연금, 1998년 경로연금으로 거슬러 올라가지만 실질적인 전신은 2007년 노무현 정부 때 도입된 기초노령연금이라 할 수 있습니다.

　2007년에 당시 60%였던 소득대체율을 2008년부터 50%로 낮추고 2028년까지 40%로 낮추는 2차 국민연금 개혁을 하였는데 이때 하위 소득 노인들을 지원하기 위해 기초노령연금법을 제정하였습니다.

　이후 2008년 이명박 정부 때 10만 원씩 지급되던 기초노령연금은 2014년 기초노령법이 제정되면서 박근혜 정부에서 소득하위 70% 노인에게 20만 원씩 지급되었으며 이후 2021년 문재인 정부시절 30만 원으로 증액되었고 2025년 기준으로 기초연금은 월 최대 342,510원이 지급됩니다.

　사실 기초연금은 역대 대통령 선거에서 자주 등장하는 공약 중 하나였습니다. 기초연금의 대상이 되는 유권자 수가 많기 때문에 연금액과 수급

대상자에 대한 공약이 많았던 것입니다. 지난 21대 국회에서도 연금 수급 대상을 확대하고 연금액을 올리자는 여러 건의 기초연금법 개정안이 상정되었을 정도로, 기초연금은 국민적인 관심과 정치권의 중요한 정책 순위에서 높은 위치를 차지하고 있습니다.

기초연금 대상확대나 연금액 상향은 노인빈곤율이 높은 우리나라 노인들을 위해 꼭 필요하고 실제 기초연금이 도입되어 우리나라 노인 상대 빈곤율을 7.2%p 완화시켰다는 국민연금연구원의 분석도 있지만 막대한 재원이 필요한 기초연금 확대는 노인 표심을 잡으려는 정치인들의 선심성 입법이라는 비판도 일고 있는 것이 사실입니다.

아무튼 연금을 통해 은퇴준비를 하는 입장에서는 기초연금에 대해 알아보고 이를 활용할 수 있는 방법을 찾는 것이 중요하겠지요.
우선 기초연금의 특징을 알아보겠습니다.

첫 번째 기초연금은 본인의 신청에 의해서만 지급됩니다.
조건이 되었다고 국가에서 지급하는 것이 아니라 신청자를 대상으로 조건 충족 여부를 확인 후 지급되는 것입니다. 따라서 기초연금을 받기 위해서는 본인이 신청을 해야 합니다. 만 65세 되기 1개월 전 초일부터 신청할 수 있고 신청일로부터 30일(조사를 위한 특별한 사유가 있는 경우 60일) 이내 결과를 받을 수 있습니다. 기초연금 대상자가 연세가 있으신 어르신들이기 때문에 배우자나 자녀, 그리고 형제자매나 친족들이 대리로 신청이 가능합니다. 특히 사회복지 시설장도 대리 신청이 가능하다는 것도 참고하면 좋겠습니다. 2023년 기준 기초연금 수령자는 전체 노인인구 971만 명의 67%인 650만 명으로 3%인 약 29만 명의 어르신들이 기초연금 대상자임에도 기초연금을 신청하지 않아 연금을 수령하지 못했습니다.

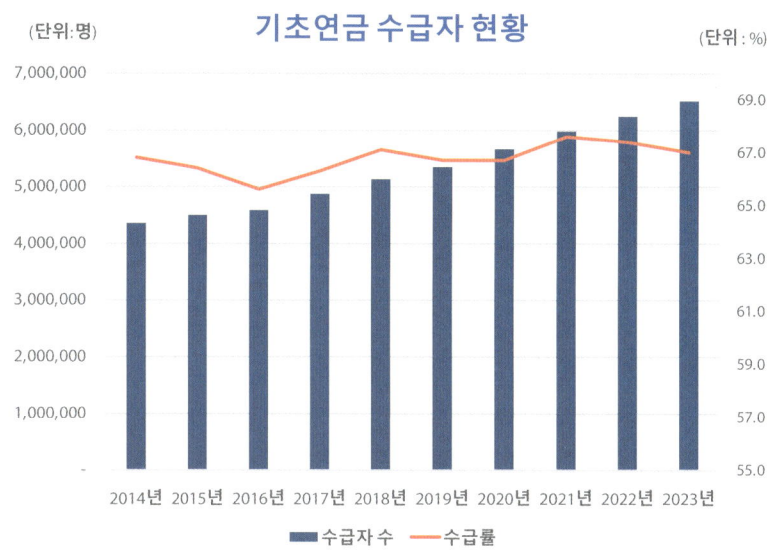

(출처: 보건복지부. 통계로 본 2023 기초연금 자료 활용 차트 작성)

둘째, 공무원 연금 같은 직역연금을 받고 있는 분과 그 배우자는 원칙적으로 기초연금을 받을 수 없습니다. 형평성 문제로 개선하자는 법안이 여러 번 제출됐지만 아직 통과되지는 않았어요.

셋째, 소득 하위 70%에 포함되는지 결정하는 '소득인정액'은 소득평가액과 재산의 소득환산액을 합산해서 결정됩니다. 특히 부부는 소득과 재산을 합산한다는 점을 꼭 알아 두셔야 합니다.

넷째, 국민연금과의 연계성이 큽니다. 국민연금 급여가 많으면 기초연금액이 줄어드는 구조죠. 이를 개선하자는 의견이 많지만 아직까지 법이 개정되지는 않았습니다.

이제 기초연금에 대해서 좀 더 편안하고 쉽게 이해가 되셨죠? 다음 장에서는 70%의 노인들에게 지급되는 기초연금의 대상자 선정 방법을 살펴보겠습니다.

2.
옆집은 받는데 나는 왜 안 돼? 기초연금 선정의 진짜 기준

　기초연금 수급 대상자 선정 기준을 잘 몰라 대상자로 선정되지 못하는 사람들이 많습니다. 이러한 이유로 서운함을 느끼는 노인들도 적지 않습니다. "옆집은 우리보다 소득도 높고 재산도 많은데 기초연금을 받고 있어요. 그런데 우리는 왜 대상이 아닌지 모르겠네요. 우리도 기초연금 대상이 되는지 정확하게 잘 검토해 주세요."라는 문의가 많다고 합니다.

　기초연금은 노후 소득을 보장하기 위해 도입된 제도로, 많은 노인들에게 중요한 생활 자원이 됩니다. 그러나 기초연금의 수급 대상은 소득과 재산을 기준으로 정해지며, 이 기준이 복잡하고 이해하기 어려워 많은 분들이 혼란을 겪고 있습니다.

　기초연금은 소득하위 70%인 65세 이상 어르신들에게 지원하는 연금입니다. 2025년 기준 단독가구는 월 2,280,000원, 부부가구는 3,648,000원 이하의 소득인정액이면 대상이 됩니다. 그런데 생활이 어려운 노인들의 노후보장을 위한 제도이니 공정한 대상자 선정을 위한 소득인정액을 산정하는 기준이 있어야겠지요.

　기초연금법과 시행령에서 구체적인 소득의 범위와 산정방법을 정하고 있습니다. 이 기준은 일반적으로 생각하는 소득과 차이가 있어서 기초연금에서 정하는 소득은 어떻게 산정되는지 알아보겠습니다.

우선 소득인정액은 소득평가액과 재산의 환산소득액의 합으로 산정됩니다.

> 소득인정액 = ① 소득평가액 + ② 재산의 소득환산액

(1) 소득평가액은 다시 근로소득과 기타소득의 합으로 정해지는데 근로소득은 기본공제액인 112만 원을 공제한 후 70%만 반영을 합니다.

근로 소득의 공제는 노후에도 직장에서 경제활동을 하는 어르신들에게 도움이 되는 제도인데 다만 공공일자리 소득 등 일부 소득은 근로소득으로 인정되지 않는다는 것은 참고하여야 합니다.

① 소득평가액	소득평가액 = ⓐ + ⓑ ⓐ : 0.7 x (근로소득 - 112만 원) ⓑ : 기타 소득(사업소득, 재산소득, 공적이전소득, 무료임차소득)

소득평가액 중 특이한 것은 기타소득에 포함되는 "무료임차소득"입니다. 자녀 명의의 고가주택에 거주하는 본인 또는 배우자에 대하여 일정비율의 임차료를 소득으로 인정하여 적용하는 제도인데요. 고가주택은 시가표준액 6억 원 이상이 대상주택이고 적용비율은 연 0.78%입니다.

예를 들어 시가표준액 7억 원 아들 주택에 함께 살고 있다면 월 소득평가액 455,000원(7억 원 × 0.78%/12월)을 더해 주어야 하는 겁니다.

(2) 재산의 소득환산액은 소유하고 있는 재산을 월 소득인정액으로 산정하는 것인데요.

기본적으로 보유 재산의 합에 연 4%를 적용합니다. 그래서 12(월)로 나누면 월 인정 소득액이 되겠지요. 기본재산을 지역별로 일정 금액을 공제하고 금융재산은 일괄적으로 2천만 원을 공제합니다. 부채는 당연히 재산에서 빼 주고 있습니다. 재산의 소득환산액에서 주목할 규정은 차량가격이 4천만 원 이상인 고가의 자동차, 그리고 회원권은 가액을 100% 월 소득인정액으로 반영한다는 것입니다. 이럴 경우 기초연금 대상자에서 제외되는 것은 당연하겠지요.

② 재산의 소득환산액	재산의 월 소득환산액 = [{(일반재산 - 기본재산액) + (금융재산 - 2천만 원) - 부채} x 0.04 (재산의 소득환산율, 연 4%) ÷ 12개월] + 고급자동차 및 회원권의 가액

지역별 기본재산액

구분	공제액
대도시 : 특별시, 광역시의 "구"(도 농 복합군 포함), 특례시	1억 3,500만 원
중소도시(특별자치도, 도의 '시', 세종특별자치시)	8,500만 원
농어촌(특별자치도, 도의 '군')	7,250만 원

이렇게 소득의 평가액과 재산의 소득환산액을 산정하여 2025년 기준 단독가구는 월 2,280,000원, 부부 가구는 3,648,000원 이하이면 기초연금 지원 대상이 되는 것입니다.

우리집보다 소득이 높고 재산이 많은 옆집이 기초연금 지원대상이 되는 것은 이런 평가 방법에서 우리 집보다 낮은 소득평가액으로 산정되었기 때문입니다.

사례를 통해 좀 더 자세히 수급 대상자를 산정하는 기준과 계산 방식을 알아보았습니다. 사실 기초연금 수급 대상자가 되는지는 보건복지부 기초연금 홈페이지에서 모의 계산을 해 볼 수 있습니다. 물론 정확한 대상자 여부는 주민센터나 국민연금공단 지사 또는 복지로 bokjiro.go.kr로 신청하면 알 수 있습니다.

여기서는 산정방식과 기준을 설명하기 위해 예시를 통해 설명하겠습니다.
만 67세인 김복지 어르신은 세종특별시에서 만 65세인 아내 그리고 아들 부부와 함께 아들 명의 APT에서 생활하고 있습니다. 어르신의 소득은 중소기업에서 받고 있는 150만 원의 월급과 국민연금 월 50만 원이 있고 은행에 예금한 정기 예금 1억 원의 월이자 20만 원 금융소득도 있답니다. 재산은 세종시에 있는 아파트 1채 그리고 세종시 인근 밭 200평이 있습니다. 시가 표준액 5억 원인 아파트는 현재 보증금 2억 원에 전세를 주고 있고 (전세권 설정) 은행대출 2,000만 원의 담보로 제공한 상황입니다. 200평 밭의 시가표준액은 2억 원입니다. 참고로 거주하고 있는 아들 소유 APT의 시가 표준액은 6억 원입니다. 그리고 아내는 소득과 재산이 없습니다. 과연 김복지 어르신의 소득 인정액은 얼마나 될까요? 그리고 기초연금 수급대상은 되실까요?

우선 위 내용을 아래와 같이 간단하게 정리해 보겠습니다.

> 1. 가구 구분 : 부부가구
> 2. 소득
>   ① 직장 근로소득   : 월 150만 원
>   ② 국민연금 수령액 : 월 50만 원
>   ③ 예금 이자소득   : 월 20만 원
> 3. 보유 재산
>   ① 거주 지역 : 세종특별자치시
>   ② APT : 시가 표준액 5억원(보증금 2억원 임대 중, 전세권 설정), 은행 대출 2,000만 원
>   ③ 토지 (밭) : 시가 표준액 2억 원
>   ④ 금융자산 : 은행 정기예금 1억 원
> 4. 기타
>   - 아들 소유 아파트(시가표준액 6억 원)에 부부가 함께 거주

앞장에서 소개한 대로 소득인정액은 소득평가액과 재산의 소득환산액을 합한 것인데 우선 소득평가액부터 계산해 보겠습니다.

① 소득평가액	소득평가액 = ⓐ + ⓑ ⓐ : 0.7 × (근로소득 - 112만 원) ⓑ : 기타 소득(사업소득, 재산소득, 공적이전소득, 무료임차소득)

기본적으로 근로소득(150만 원)과 기타소득인 국민연금(50만 원) 그리고 금융소득 (20만 원)을 위 계산식에 대입해서 더해 주면 되는데요, 이자소득은 월 4만 원 차감해 주고 있어 금융소득은 20만 원 - 4만 원 =16만 원으로 계산합니다.

또 어르신은 아들 소유의 고가주택(시가표준액 6억 원 이상)에 본인 살고 있어 연 0.78% 기타소득으로 추가해 주어야 합니다.

6억 원 × 0.78%/12개월 = 390,000원

따라서 소득평가액= { 0.7 × (150만 원 -112만 원)} + (50만 원 +16만 원 +39만 원) = 1,316,000원입니다.

다음은 재산의 소득환산액 계산입니다.

② 재산의 소득환산액	재산의 월 소득환산액 = [{(일반재산 - 기본재산액) + (금융재산 - 2천만 원) - 부채} x 0.04 (재산의 소득환산율, 연 4%) ÷ 12개월] + 고급자동차 및 회원권의 가액

지역별 기본재산액

구분	공제액
대도시 : 특별시, 광역시의 "구"(도 농 복합군 포함), 특례시	1억 3,500만 원
중소도시(특별자치도, 도의 '시', 세종특별자치시)	8,500만 원
농어촌(특별자치도, 도의 '군')	7,250만 원

우선 일반재산은 어르신 본인 소유 토지 2억 원, APT 5억 원으로 7억 원입니다. 그리고 거주지가 중소도시에 속하므로 8,500만 원의 기본재산액 공제가 됩니다. 그러면 (2억 원 + 5억 원) - 8,500만 원 = 6억 1,500만 원이 되네요.

그리고 금융재산입니다. 은행 정기예금 1억 원과 APT 담보대출 2,000만 원, 그리고 전세 보증금 2억 원이 있습니다 (1억 원 - 2,000만 원)- 2,000만 원 -2억 원 = -1억 4,000만 원이 됩니다. 김복지 어르신은 고급자동차와 회원권은 없어 계산에 포함하지 않아도 되네요.

위의 재산의 소득환산액 공식에 하나씩 대입하여 계산해 보면 재산의 소득환산액은 (6억 1,500만 원 -1억 4,000만 원) × 0.04/12개월 =

1,583,330원입니다.

따라서 김복지 어르신의 소득인정액은 (1) 소득평가액 1,316,000원 + (2) 재산의 환산소득액 1,583,330원 = 2,899,330원이며 노인 부부가구 기준인 3,648,000원 이하가 되니까 기초연금 수급대상자가 되는 겁니다.

기초연금 홈페이지(basicpension.mohw.go.kr)와 연결되는 복지로 홈페이지(bokjiro.go.kr)에서 김복지 어르신의 소득과 재산을 입력하면 아래와 소득인정액은 294만 원이며 수급대상자로 선정될 가능성이 있다는 결과가 조회됩니다.

예시로 설명드린 내용과 약 4만 원의 차이가 있는 것은 기초연금 홈페이지 모의계산에는 이자소득이 연금소득과 함께 재산소득으로 입력하도록 되어 있어 별도로 월 4만 원 공제가 반영되어 있지 않기 때문입니다. 간략하게 조회하는 모의 계산이라 세부적인 내용까지는 반영되지는 않은 것 같습니다.

	모의계산 결과	모의계산 결과화면
기본정보	가구유형 부부가구	거주지 중소도시	
입력하신 사항	소득재산정보	[소득] 근로소득 (본인) 150 만원 (배우자) 0 만원	사업소득 0 만원	재산소득 20 만원 | 공적이전소득 50 만원	무료임차소 60,000 만원 (지분율:100%) [재산] 건축물 50,000 만원	토지 20,000 만원	임차보증금 0 만원 | 기타재산 0 만원	항공기, 선박 0 만원	회원권 0 만원 | 자동차 0 만원	금융재산 10,000 만원 [부채] 대출금 2,000 만원	임대보증금 20,000 만원 (주택공시가격 : 50,000 만원)

귀하가 입력하신 자료를 기초로 계산한 소득인정액은 294만원이며,
노인 부부가구 3,648,000원 이하로 수급대상자로 선정될 가능성이 있습니다.
이는 귀하가 입력하신 자료를 기초로 모의계산된 것이며, 실제 신청후 결과는 다를 수 있음을 알려드리며,
주소지 관할 읍면동 주민센터에 방문하시어 상담하시기 바랍니다.

(출처 : 복지로. 기초연금 모의계산 결과 화면 캡처)

3.
기초연금, 우리 집은 실제로 얼마 받을까?

김복지 어르신은 계산을 통해 기초연금을 받을 수 있는 대상자라는 사실을 확인했습니다. 그렇다면 김복지 어르신 부부는 실제로 얼마의 기초연금을 받을 수 있을까요?

기초연금 수령액을 정확히 확인하려면 다음 표와 같이 몇 가지 과정을 거쳐야 합니다. 우선 부부 각각의 상황에 따라 기준이 되는 기초연금 금액을 정하고, 이후 가구 유형과 소득 수준에 맞춰 금액을 감액하는 과정을 거쳐 최종적으로 지급하는 기초연금액을 결정하게 됩니다.

실제로 김복지 어르신의 기초연금 급여액을 계산해 볼게요. 김복지 어르신은 국민연금을 매달 50만 원 받고 있는데, 이 금액은 2025년 기준연금액 월 342,510원의 146%로, 150% 이하에 해당합니다. 아내는 국민연금을 받고 있지 않기 때문에 부부 모두 각자 기준연금액인 342,510원이 적용됩니다.

여기서 부부가 모두 기초연금을 받을 경우 각자의 기초연금액에서 20%가 부부감액됩니다. 따라서 김복지 어르신 부부는 각자 274,000원으로 줄어들어 총 548,000원이 됩니다.

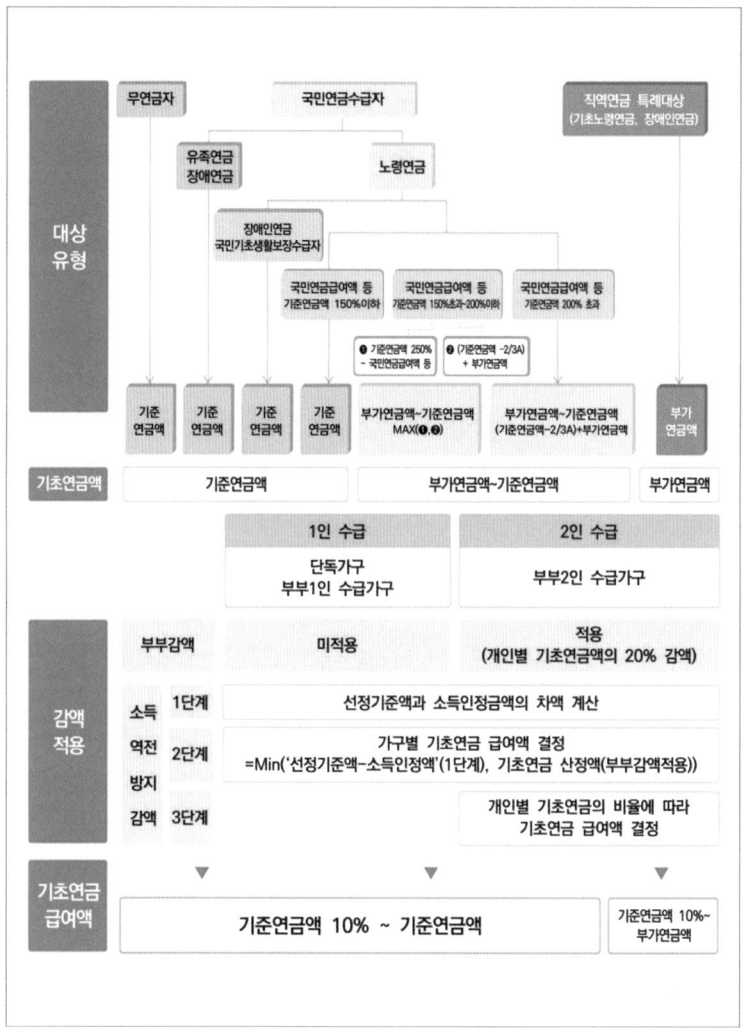

(출처: 2025년 기초연금 사업안내. 보건복지부)

다음은 소득역전방지 감액입니다. 이는 기초연금을 받는 사람이 못 받는 사람보다 소득이 더 높아지는 상황을 막기 위한 제도인데요. 김복지 어르신 부부의 소득인정액은 2,899,330원이고, 2025년 부부가구의 선정기준액은 3,648,000원입니다. 이 두 금액의 차이는 748,670원입니다. 여기서 기초연금 부부 합산액인 548,000원과 비교하여 더 작은 금액인 548,000원이 최종적으로 지급됩니다. 즉, 부부 각자 274,000원씩 받게 되는 것입니다.

기초연금액		본인: 342,510원 (기준연금액 적용)
		배우자: 342,510원 (기준연금액 적용)
감액적용	부부감액	본인 및 배우자 각각의 기초연금액에서 20%를 감액 각각 274,000원으로 부부합산 548,000원 (ⓐ)
	소득역전 방지감액	[1단계] 선정기준액과 소득인정액의 차액 748,670원 (ⓑ)
		[2단계] 가구별 기초연금 급여액은 548,000원으로 결정 ※ Min(ⓐ산정된 기초연금액 548,000원, ⓑ 선정기준액과 소득인정액의 차액 748,670원)
		[3단계] 부부 개인의 기초연금 급여액은 각각의 기초연금액의 비율에 따라 배분
기초연금 급여액		부부의 기초연금 급여액은 각각 274,000원으로 결정

김복지 어르신의 경우 국민연금 수령액이 기준연금액의 150% 이하였기 때문에 비교적 간단히 계산되었지만, 만약 국민연금 수령액이 기준연금액의 150%를 초과하는 경우에는 추가적인 계산이 필요합니다. 이런 경우 국민연금 수령액이 많을수록 기초연금이 줄어드는 '기초-국민연금 연계감액' 제도가 적용되는데, 이는 국민연금을 오래 내고 많이 받을수록 기초연금이 줄어들어 형평성 문제가 제기되는 제도입니다.

이에 대한 제도 개선 필요성이 계속 논의되고 있으며, "국민연금 많이 받으면 기초연금이 줄어든다?"에서 더 자세히 살펴보겠습니다.

4.
몰라서 못 받는 기초연금, 꼭 알아야 할 6가지 팁

기초연금은 어르신들의 안정된 생활과 노인빈곤 예방을 위해 만들어진 중요한 사회보장제도입니다. 하지만 기초연금 수급 대상자 선정 기준이 복잡해서 제대로 이해하지 못해 혜택을 받지 못하는 분들이 많습니다. 지금부터 기초연금을 받기 위해 꼭 알아 둬야 할 몇 가지 팁을 쉽고 간단하게 정리해 드리겠습니다.

첫째, 기초연금은 꼭 신청해야 합니다. 너무 당연한 이야기처럼 들리지만 기초연금은 국가가 알아서 지급하지 않습니다. 본인이 직접 신청을 해야만 관할 지자체가 심사를 거쳐 기초연금을 받을 수 있는지 결정합니다. 신청하지 않은 기간에 대해서는 소급 지급되지 않기 때문에 기초연금을 받을 나이가 되었으면 반드시 신청해야 합니다. 예를 들어 67세가 되어 뒤늦게 신청한다고 해도 65세 이후의 지난 기간에 대해서는 지급되지 않습니다.

국민연금공단에서는 한 번 신청 후 부적합 판정을 받더라도 5년간 매년 소득과 재산을 점검하여 대상 가능성이 있으면 안내해 드립니다. 하지만 소득이나 재산에 변동이 생긴다면 정기적으로 다시 신청해 보는 게 좋습니다.

둘째, 모임이나 단체의 재산은 보유하지 않는 게 좋습니다. 기초연금 대상을 정할 때는 본인 명의로 되어 있는 친목회 통장이나 종중 재산까지 모두 본인의 재산으로 포함됩니다. 이를 제외하려면 별도의 복잡한 증빙 절차가 필요합니다. 친목회 통장은 금융기관에서 임의단체 확인서를 받아야 하고, 종중 재산 역시 등기나 고유번호를 받은 계좌로 관리해야만 제외됩니다. 가능한 한 이런 재산은 미리 정리해 두는 게 편리합니다.

셋째, 자녀에게 증여하려면 미리 해야 합니다. 기초연금 신청을 앞두고 자녀에게 재산을 증여한다고 해서 모두 재산에서 빠지지는 않습니다. 기초연금에서는 증여 재산을 일정 조건에 해당되지 않으면 그대로 본인 재산으로 포함하는데요. 의료비나 교육비 등으로 쓰거나, 매년 정해진 자연적 소비금액(2025년 기준 부부 월 3,048,887원)에 해당하는 금액만 인정됩니다. 즉, 단순히 자녀에게 재산을 넘기는 것만으로는 큰 효과가 없으니 미리 증여 계획을 세우는 게 좋습니다.

넷째, 주택연금(농지연금)을 적극 활용하세요. 기초연금 대상이 되기 위해서는 재산을 줄이고 부채는 늘리는 것이 유리한데요. 주택연금이나 농지연금을 활용하면 별도의 연금소득이 생기면서도 이 연금은 소득으로 계산되지 않고, 부채로 인정받아 재산에서 차감됩니다. 따라서 주택연금이나 농지연금을 활용하면 추가적인 소득과 함께 기초연금 수령 가능성도 높아집니다.

다섯째, 고급 자동차는 소유하지 마세요. 기초연금은 생활이 어려운 어르신들을 위한 제도이기 때문에 고급 자동차 소유자는 자동으로 제외됩니다. 차량가액이 4,000만 원 이상이면 그 금액 전체가 월 소득으로 간주되기 때문입니다. 자동차를 자녀와 공동명의로 등록해도 지분과 상관없이 전체 금액이 본인 재산으로 간주됩니다. 다만 리스나 렌트의 경우에는 보증금만 재산으로 잡히기 때문에 고급차를 이용하려면 이 방식을 고려하는 것이 좋습니다.

여섯째, 자녀 소유의 고가주택에 거주하면 무료임차소득이 적용됩니다. 자녀 명의로 된 고가 주택(시가표준액 6억 원 이상)에 거주하면 그 집의 시가표준액 연 0.78%가 월 소득으로 잡힙니다. 예를 들어 8억 원 주택에 살면 매월 52만 원의 소득이 추가로 잡히게 됩니다. 단, 어르신 본인이 자녀에게 증여한 주택이라면 중복 적용되지 않고 증여 재산으로만 산정됩니다.

기초연금은 65세 이상 어르신의 70%가 받고 있는 중요한 지원제도입니다. 복잡한 대상자 선정 기준을 잘 이해하고, 알려 드린 팁을 잘 참고하셔서 기초연금의 혜택을 놓치지 않고 기초연금 대상자 선정에 도움이 되시길 바랍니다.

5.
국민연금 많이 받으면 기초연금이 줄어든다?

　기초연금은 국민연금과 아주 밀접한 관계를 가지고 있습니다. 처음에는 1991년 노령수당으로 시작되어 2007년에 "기초노령연금법"으로 발전했는데요. 이 법은 노인 빈곤을 완화하고 국민연금의 사각지대를 없애기 위해 만들어졌습니다.
　사실 "기초노령연금법"은 국민연금 개혁과 함께 추진된 것입니다. 당시 국민연금의 소득대체율을 60%에서 2028년까지 40%로 점차 낮추기로 하면서, 소득이 낮아 노후 생활이 어려워질 수 있는 노인들을 위한 기초노령연금을 도입한 것이죠. 다시 말해서 기초연금은 국민연금의 빈자리를 채워 노인의 전체적인 노후 소득을 안정적으로 보장해 주는 역할을 하는 것입니다.
　이후 여러 번의 대통령 선거를 거치면서 기초연금 대상자를 확대하거나 연금액을 늘리자는 공약이 자주 등장했습니다. 특히 투표율도 높고 인구도 많은 60대 이상의 유권자들에게 매력적인 공약으로 자리 잡았죠.
　예를 들어, 2012년 대선에서 박근혜 후보는 소득 하위 70% 노인에게 최대 9만 4천 원을 주던 기초노령연금을 대신해 모든 65세 이상 노인에게 월 20만 원의 기초연금을 주겠다고 약속했습니다. 하지만 18대 대통령으로 당선된 후, 재정 문제로 인해 결국 소득 하위 70%의 노인에게만 국민연금과 연계해 월 10~20만 원씩 지급하는 방식으로 수정했습니다.

이렇게 해서 국민연금 수령액을 기준으로 기초연금을 줄이는 "기초-국민연금 연계감액"이 시작된 겁니다. 이 제도의 목적은 연금 재정 안정성과 연금 수급자 간의 형평성을 유지하기 위해서였는데요.

국민연금의 혜택을 많이 받은 사람들에게는 기초연금을 조금 줄이고, 국민연금을 못 받거나 적게 받는 사람들에게는 기초연금을 전액 지원하여 공정성을 높이는 방식입니다. 특히 국민연금 수령액이 기준연금액의 150%를 초과하면 'A급여'를 반영해서 기초연금을 줄이는 방식이 적용됩니다. 여기서 'A급여'란 국민연금 가입기간과 전체 가입자의 평균소득월액 평균값(A값)에 따라 정해지며, 개인별 소득과 관계없이 모든 가입자에게 동일하게 산정됩니다. 그런데 문제는 국민연금 가입 기간이 길고 성실히 납부한 사람일수록 이 'A급여'가 더 커지기 때문에 기초연금이 더 많이 줄어드는 상황이 생긴다는 점입니다.

뿐만 아니라, 국민연금 수령자는 기초연금 대상자로 선정될 때에도 유리하지 않습니다. 국민연금은 소득인정액에 전액 포함되기 때문입니다. 근로소득이나 이자소득은 일부를 공제해 주는 데 반해 국민연금은 공제 없이 전액이 소득으로 반영되기 때문에 상대적으로 불리할 수밖에 없습니다.

2023년 현재 기초연금 수령자의 절반에 가까운 49%가 국민연금도 함께 받고 있고, 그중 18%는 연계감액 때문에 기초연금이 줄어든 상태입니다.

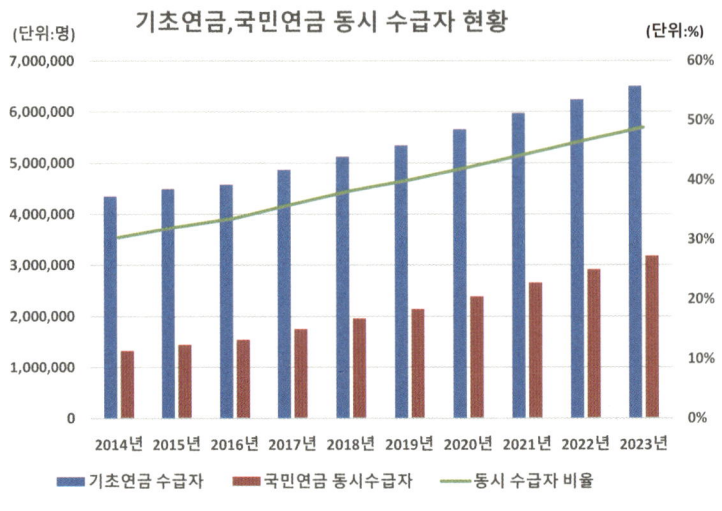

(출처: 통계로 본 2023년 국민연금. 보건복지부)

이렇다 보니 현재의 기초연금 선정기준과 국민연금 연계감액 제도에 대한 개선 요구가 많습니다. 2014년 당시 현실을 바탕으로 만든 제도라서 현재 상황과는 다소 맞지 않는다는 지적도 나오고 있습니다. 기초연금 수령액이 점점 오르면서 국민연금을 꾸준히 내는 저소득 자영업자나 노동자들이 오히려 국민연금에 가입할 의욕을 잃게 되는 문제도 우려되고 있죠.

이러한 이유들로 기초연금 제도 개혁에 대한 다양한 의견이 제시되고 있습니다. 많은 국민들이 원하는 만큼, 노인의 생활 안정을 돕고 복지를 증진시키겠다는 기초연금의 취지에 맞는 개선책이 마련되어야 할 것입니다.

PART 4.

퇴직연금,
회사가 준비해
주는 두 번째 연금

1.
퇴직금에서 퇴직연금으로, 달라진 노후 자산의 법칙

국민연금이나 기초연금 같은 공적연금이 노후에 기본적인 생활을 책임진다면, 퇴직연금은 이를 더 든든하게 만들어 주는 역할을 합니다. 한마디로 더 안정적이고 여유로운 노후 생활을 도와주는 보완 장치라고 할 수 있죠.

퇴직연금은 회사가 근로자의 퇴직급여를 금융회사에 미리 적립해 두었다가, 근로자가 퇴직할 때 연금이나 일시금 형태로 지급하는 제도입니다. 특히 퇴직 후 국민연금이 나오기 전까지의 소득 공백기를 메워 주는 아주 유용한 사적연금입니다.

국가 입장에서도 공적연금만으로 모든 국민이 만족할 만한 노후를 보내기는 어렵다고 판단했기 때문에, 퇴직연금과 같은 사적연금을 적극적으로 지원하고 있습니다. 덕분에 근로자는 회사가 갑자기 도산하거나 퇴직금을 받지 못할까 봐 걱정할 필요가 없게 됐고, 선택한 퇴직연금 제도에 따라 자금을 잘 운영하면 추가 수익과 세금 혜택까지 누릴 수 있게 되었습니다.

퇴직연금을 제대로 이해하려면 우선 우리나라의 퇴직급여제도를 짚어 보는 것이 좋겠어요. 우리나라에서는 「근로자퇴직급여 보장법」에서 퇴직급여 제도를 명확히 규정하고 있는데요. 이 법의 제4조를 보면 "회사는 근로자가 퇴직할 때 급여를 지급하기 위해 퇴직급여제도 중 하나 이상의 제도를 반드시 마련해야 한다"고 명시하고 있습니다.

여기에서 말하는 "퇴직급여제도"가 바로 우리가 흔히 알고 있는 일시금 방식의 퇴직금제도와 함께 새롭게 도입된 퇴직연금제도입니다. 기존의 일시금 퇴직금 제도는 회사가 망하면 퇴직금을 받지 못하는 경우도 있었고, 한 번에 받은 큰돈을 제대로 관리하지 못하는 경우도 많았어요. 그래서 안정적인 노후 계획에 어려움이 있었죠.

이를 보완하기 위해 2005년에 「근로자퇴직급여 보장법」이 제정되면서 우리나라도 드디어 퇴직연금 제도를 도입하게 되었습니다. 처음엔 5인 이상 기업만 노사 합의로 퇴직연금을 도입할 수 있었지만, 2010년 12월부터는 5인 미만 사업장까지 적용되면서 누구나 퇴직연금을 선택할 수 있는 환경이 조성되었습니다.

지금은 일시금 퇴직금 제도와 퇴직연금 제도가 공존하며, 근로자가 자신의 상황과 계획에 맞게 자유롭게 선택해서 활용할 수 있게 된 거죠. 우리나라의 퇴직급여 제도를 아래 표로 정리해 보겠습니다.

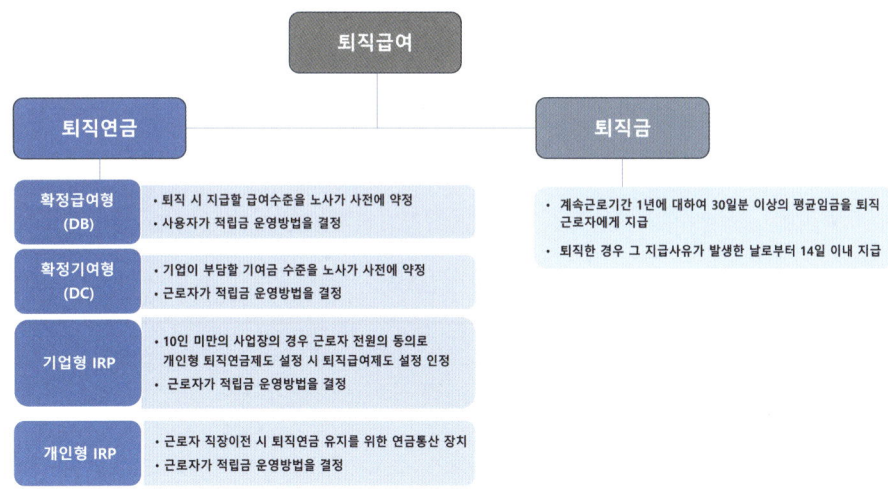

퇴직금 제도를 선택한 경우 근로자는 예전과 마찬가지로 퇴직할 때 평균임금과 근로기간에 따라 산정한 퇴직금을 회사로부터 받게 됩니다. 하지만 퇴직금 제도는 퇴직급여 재원을 회사 내부에 보관하기 때문에 회사의 재정 상태가 악화될 경우 퇴직금 수령이 어려워질 수 있습니다. 이러한 이유로 퇴직연금 제도를 도입하는 회사와 가입자 수는 갈수록 늘어나고 있습니다.

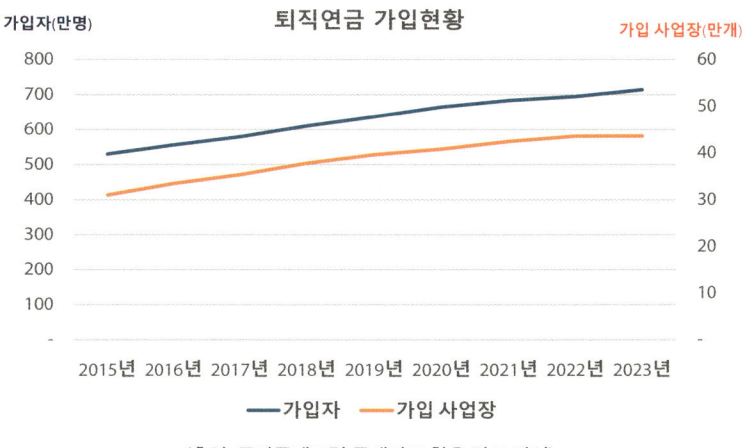

(출처: 국가통계포털 통계자료 활용 차트 작성)

기존 퇴직금 제도와 달리 퇴직연금은 사용자가 퇴직급여 재원을 사외에 적립하고 근로자가 퇴직할 때 적립금을 받게 됩니다. 이때 적립금을 누가 관리하느냐에 따라 확정급여형(DB), 확정기여형(DC)으로 나뉘죠. 개인형 퇴직연금(IRP)도 있으며, 이는 다시 개인형과 기업형으로 나뉩니다.

이제 각각의 퇴직연금 유형이 어떤 특징을 가지고 있고, 여러분의 상황에 따라 어떻게 선택하면 좋을지 자세히 살펴보겠습니다.

2.
DB형 vs DC형, 퇴직연금의 두 갈림길

　퇴직연금은 우선 확정급여형(DB), 확정기여형(DC)으로 구분됩니다. 용어가 조금 어렵고 딱딱하게 느껴질 수도 있는데요. 간단히 말하면 확정급여형(DB)은 기존 퇴직금 제도처럼 회사에서 알아서 직원의 퇴직금을 운용해 주는 겁니다.

　회사가 책임을 지고 운용을 하니 직원은 연금 투자에 신경을 쓸 필요가 없고 퇴직 시 근무연수와 평균임금으로 산정된 퇴직급여를 받으면 됩니다. 반대로 확정기여형(DC)은 직원이 직접 퇴직금 운용을 하는 것이지요.

　회사마다 다를 수 있지만 보통 1년에 한 번씩 1년 치 퇴직금을 회사가 지급하고 직원은 스스로 이 퇴직금을 운영하는 것이 DC형이라고 보면 됩니다. 따라서 운용 결과에 따라 수익이 날 수도 있지만 손실을 볼 수도 있고, 회사는 이에 대한 책임이 없습니다.

　좀 더 정확하게 설명하자면 확정급여형 퇴직연금(Defined Benefit Retirement Pension)은 퇴직 전 통상임금과 연금 가입연수를 기준으로 지급받을 퇴직급여의 수준이 확정되어 있는 퇴직연금제도입니다. 따라서 기업이 매년 부담금을 금융회사에 적립하여 위험부담에 대한 책임을 지며 운용하고 근로자는 운용 결과에 상관없이 정해진 수준의 퇴직급여를 받게 됩니다.

확정기여형 퇴직연금(Defined Contribution Retirement Pension)은 사업자가 근로자에게 퇴직급여를 지급하기 위하여 부담하여야 할 부담금의 수준이 사전에 결정되어 있는 퇴직연금제도입니다.

기업은 세전 연봉의 1/12 이상을 은행이나 증권회사 등 퇴직연금사업자에게 직접 부담금을 납입하고 근로자는 직접 이 적립금을 운용하게 됩니다. 그렇다면 DB형과 DC형 중 어떤 것이 더 유리할까요?

사실 정답은 없습니다. 개인의 상황에 따라 적합한 제도가 다르기 때문입니다. 하지만 선택할 때 몇 가지 요소를 고려하면 좋은 결정을 할 수 있습니다.

첫째, 근로자의 임금상승률과 근속기간입니다. 꾸준하게 급여가 오르고 직장에서 오래 근무할 수 있다면 DB형(확정급여형)이 유리합니다. 설명드린 대로 DB는 퇴직 전 통상임금과 연금 가입연수를 기준으로 정해집니다.

근로자퇴직급여보장법에서는 DB형의 "(퇴직) 급여 수준은 가입자의 퇴직일을 기준으로 산정한 일시금이 계속 근로기간 1년에 대하여 30일분 이상의 평균임금이 되도록 하여야 한다"라고 되어 있습니다. 그러니까 퇴직일을 기준으로 평균임금이 높고 근무 연수가 많을수록 퇴직금이 많아지겠지요. 반면 DC형은 가입자의 연간 임금총액의 12분의 1 이상(약 1개월 급여)을 사용자가 매년 1회 이상 가입자의 연금 계좌에 납입합니다. 따라서 임금 상승이나 근무 기간의 영향을 상대적으로 덜 받습니다.

물론 가입자가 연금을 잘 운용해서 임금 상승률과 근무연수에 따른 퇴직급여 상승을 초과하는 높은 수익률을 올린다면 DC가 훨씬 더 좋은 선택이 되겠지요. 하지만 2023년 기준으로 우리나라 최근 11년간 연평균 임금상승률은 3.5%, DC형의 연평균 수익률은 2.3%였습니다. 이렇게 DC형을 선택한 근로자가 임금상승률만큼 수익률을 내지 못한다면 DB형이 더 나을 수 있습니다.

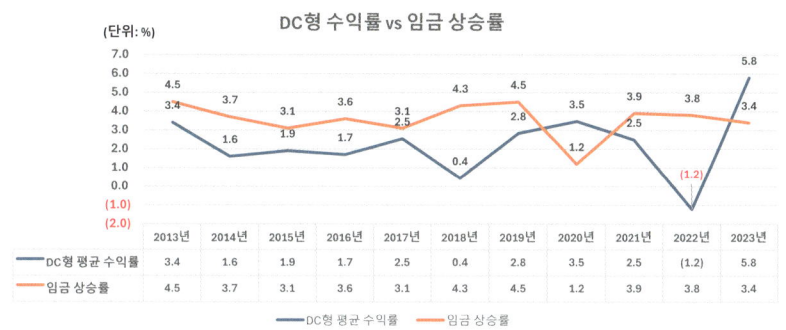

(출처: 통계청, 고용노동부 자료 활용 차트 작성)

둘째, 직원의 투자 성향을 고려해야 합니다. 직접 퇴직급여를 적극적으로 운용하여 수익을 낼 자신이 있으면 DC형을 선택하는 것이 맞습니다. 반대로 안정성을 추구하는 근로자라면 DB형이 적합한 선택이 되는 거고요.

셋째, 제도 전환 시기도 중요합니다. DB형은 DC형으로 전환할 수 있지만, DC형에서 다시 DB형으로 돌아오는 건 불가능합니다. 그래서 DB형을 선택한 직원이라면 DC형으로 전환할 시점과 필요성을 미리 고민해야 합니다.

예를 들어, 회사가 임금피크제를 도입한 경우 임금피크제 나이가 되어 임금이 줄어드는 시점이 된다면 그 전에 DC형으로 전환하는 것이 유리합니다. 임금이 줄면 평균임금도 낮아져 퇴직금이 줄어들기 때문입니다.

참고로 근로자퇴직급여보장법에서는 DB제도 또는 퇴직금제도를 설정한 사용자는 임금이 감소하여 근로자의 퇴직급여가 감소하는 사유가 있는 경우 근로자에게 미리 알리고 필요한 조치를 하도록 사용자의 책무를 명시하고 있답니다.

마지막으로 중도인출 가능 여부도 생각해봐야 합니다. 중도인출은 DC 가입자만 가능합니다. 노후를 위한 퇴직연금을 중간에 인출하는 건 권장되지 않지만, 주택 구입이나 전세 입주, 재정적 어려움 등 불가피한 상황에서는 중도인출이 가능하다는 점도 고려할 필요가 있습니다.

DB형이 유리한 경우	DC형이 유리한 경우
임금상승률 〉 운용수익률	임금상승률 〈 운용수익률
• 승진기회가 많은 근로자 • 임금상승률이 높은 근로자 • 장기근속이 가능한 근로자 • 투자에 자신이 없는 근로자 • 안정성을 중요시하는 근로자	• 승진기회가 적은 근로자 • 임금상승률이 낮은 근로자 • 이직이 잦은 근로자 • 투자에 자신이 있는 근로자 • 수익성을 중요시하는 근로자

(DB, DC제도별 고려사항. 출처: 금융감독원)

결국, DB형과 DC형 중에서 어떤 것을 선택할지 결정할 때 가장 중요한 요소는 직원 본인이 적극적으로 퇴직연금을 운용하여 더 높은 수익을 얻을 수 있는지 여부라고 할 수 있겠습니다.

3.
IRP, 퇴직연금의 숨은 보너스 통장

우리는 흔히 퇴직연금제도라고 하면 DB형(확정급여형)과 DC형(확정기여형)을 떠올립니다. 그런데 여기에 하나 더 추가해야 할 제도가 있는데요, 바로 개인형 퇴직연금, 흔히 IRP(Individual Retirement Pension)라고 불리는 제도입니다.

근로자퇴직급여 보장법에서는 "퇴직급여제도란 확정급여형퇴직연금제도, 확정기여형퇴직연금제도 및 개인형퇴직연금제도를 말한다"라고 규정하고 있습니다. 쉽게 말해 DB형과 DC형, 그리고 IRP 이렇게 세 가지 퇴직연금제도가 있는 것이죠.

DB형이나 DC형이 회사로부터 받는 퇴직급여의 운용 방식을 결정하는 제도라면, IRP는 근로자가 퇴직할 때 받은 퇴직금을 별도의 계좌에 모아 노후자금으로 활용할 수 있는 전용 계좌라고 할 수 있습니다.

특히, 근로자가 퇴직할 때 회사가 퇴직금을 지급할 경우, 일부 예외(예: 55세 이후 등)를 제외하고는 반드시 근로자가 지정한 IRP 계좌로 지급하도록 법에서 규정하고 있습니다. 즉, 55세 이전에 퇴직한 근로자는 퇴직금을 받을 때마다 IRP 계좌로 입금하게 되는 거죠.

요즘은 한 직장에서 평생 근무하는 사람이 드물죠? 대부분 한두 번 이상 이직을 하게 됩니다. 그럴 때마다 퇴직금을 IRP 계좌에 모아 둔다면 더 안정적으로 노후를 준비할 수 있습니다.

그런데 IRP 계좌의 기능은 단지 퇴직금을 보관하는 데 그치지 않습니다. 소득이 있는 국내 거주자라면 누구나 개인 부담금을 추가로 납입할 수 있습니다[15]. 이렇게 납입한 개인 부담금은 다양한 혜택을 제공받게 됩니다.

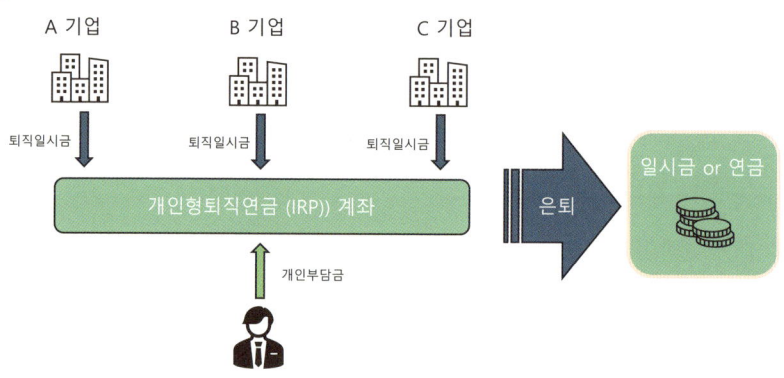

IRP계좌는 어떤 장점이 있는지 하나씩 알아보겠습니다.

우선 퇴직금을 IRP 계좌에 입금하면 당장은 퇴직소득세를 내지 않아도 됩니다. 물론 퇴직소득세 자체가 사라지는 건 아니고요, 은퇴 후 연금이나 일시금으로 인출할 때 내게 됩니다. 이를 과세이연이라고 하죠. 당장 내야 할 세금을 나중에 내면, 그 돈으로 투자를 해서 수익을 얻을 수 있습

---

15) 2017년 7월 26일 근로자퇴직급여보장법 시행령 개정으로 공무원, 군인 등 특수직역연금가입자도 가입 가능

니다.

　예를 들어 퇴직소득세가 1천만 원이라면, 그 돈을 연 3%의 정기예금에 맡기면 매년 30만 원의 이자를 얻을 수 있겠죠? 이처럼 IRP 계좌에서는 퇴직소득세뿐 아니라 계좌에서 발생하는 모든 수익에 대해서도 과세이연이 가능합니다. 게다가 IRP 계좌에서는 손익상계라는 장점도 누릴 수 있습니다.

　일반 금융상품에서는 수익에만 세금을 부과하고 손실이 발생하면 따로 보상이 없습니다. 하지만 IRP에서는 계좌 내 전체 투자 상품의 수익과 손실을 모두 합쳐 순수익에 대해서만 세금을 부과합니다. 예를 들어 A상품에서 500만 원의 수익이 나고 B상품에서 300만 원의 손실이 발생했다면, 200만 원에 대해서만 과세됩니다. 또한, IRP에 입금된 퇴직금을 연금으로 받을 경우 퇴직소득세의 70%나 60%만 납부하는 세금 혜택도 주어집니다.

　예를 들어 퇴직소득세가 1천만 원이라면 과세이연으로 납부시기도 미뤄지고, 실제로는 7백만 원 또는 6백만 원만 분할해서 내면 되는 것이죠. 또한 개인적으로 납입한 금액과 IRP에서 발생한 운용수익은 손실상계를 거친 순수익에 대해서만 3.3%~5.5%의 낮은 세율로 납부하면 되는 장점도 있습니다. 다만 연간 인출액이 1,500만 원을 넘으면 종합과세 대상이 될 수 있지만, 이때도 16.5%의 분리과세를 신청할 수 있습니다.

　무엇보다 IRP의 가장 큰 장점은 개인 부담금을 납입할 때 세액공제 혜택을 받을 수 있다는 점입니다. 소득세법에서는 연금계좌에 납입한 금액에 대해 최대 900만 원까지 세액공제를 받을 수 있다고 명시하고 있습니다. 여기서 연금계좌란 연금저축과 IRP를 포함하며, 연간 최대 1,800만 원까지 납입이 가능합니다. 다만 세액공제를 받을 수 있는 금액은 최대 900만 원으로 제한됩니다. 이 중 연금저축은 최대 600만 원까지만 세액공제 대상입니다.

다시 말해 IRP에만 납입한다면 900만 원까지 세액공제를 받을 수 있고, 연금저축을 최대한 활용하면 연금저축에서 600만 원, IRP에서 300만 원으로 합산하여 총 900만 원까지 세액공제를 받을 수 있습니다.

세액공제율은 소득에 따라 달라서 소득이 낮은 사람은 16.5%, 소득이 높은 사람은 13.2%를 적용받습니다. 즉, 1년에 900만 원을 IRP에 납입하면 최대 148만 원 이상의 세금을 돌려받을 수 있는 것입니다. 물론 본인이 그해 납부한 소득세 한도 내에서 돌려받는다는 점은 기억하셔야 합니다.

종합소득금액 (근로소득만 있는 경우 총급여액)	세액공제 납입한도	세액공제율 (지방소득세 포함)	최대 환급 세금
4,500만 원 이하 (5,500만 원 이하)	900만 원	16.5%	148만 5천 원
4,500만 원 초과 (5,500만 원 초과)	900만 원	13.2%	118만 8천 원

퇴직금을 관리하는 기본적인 기능 외에도 납입할 때는 세액공제 혜택을, 운용할 때는 과세이연과 손익상계 혜택을 누릴 수 있고, 연금 수령 시 퇴직소득세 감면과 운용수익에 대한 저율과세까지 받을 수 있습니다. 이런 매력적인 상품이라면 우선적으로 가입하여 최대한 많은 혜택을 누려야 하지 않을까요?

IRP 계좌는 은행, 증권사, 보험사에서 가입할 수 있고, 각 금융회사마다 운용 가능한 상품과 수수료에 차이가 있습니다. 요즘은 모바일로 가입하면 수수료가 면제되는 곳도 있으니 금융감독원 통합연금포털에서 잘 비교하고 가입하면 좋겠습니다. 단, 금융회사별로 하나의 계좌만 개설할 수 있다는 점도 참고해 주세요.

4.
2.7%의 벽, 디폴트옵션으로 뛰어넘기

과거 10년 자료를 보면 우리나라 DC형의 수익률이 근로자의 평균 급여 상승률에 미치지 못해 DB형이 더 유리했다고 합니다. 그럼에도 불구하고 DC형을 선택해서 우수한 수익률을 올린 가입자들도 있고, 또 DB형에서 DC형으로 전환하려는 분들도 적지 않습니다.

특히 급여상승률이 낮은 직장이거나 이직이 잦아 근속연수가 짧은 직장인이라면 DB형의 장점이 크지 않아 DC형이 더 유리할 수도 있습니다. 또한 최근에는 투자에 대한 관심이 높아지면서 DC형 가입자가 점점 늘어나고 있는 추세입니다.

다음 표를 살펴보면 2023년 기준 퇴직연금 가입금액이 381조 원을 넘어 큰 증가세를 보이고 있습니다. 특히 확정급여형(DB형)의 비중은 매년 줄어들고 있는데요. 2015년 69%였던 비중이 2023년에는 54%까지 감소했습니다. 반면 가입자의 적극적인 운용이 필요한 DC형과 IRP의 비중은 꾸준히 증가하고 있죠.

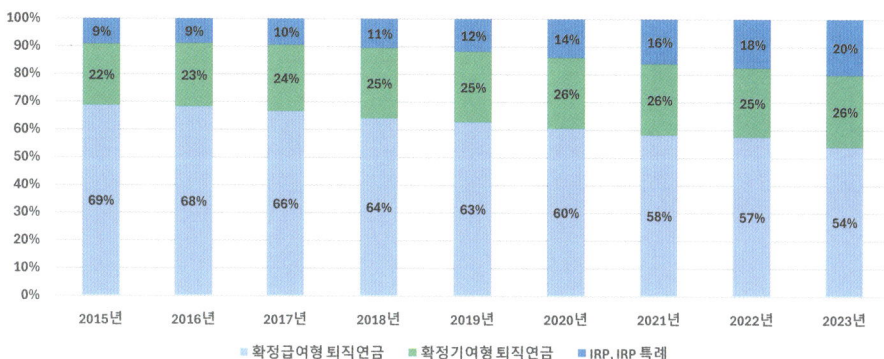

퇴직연금 제도별 비중

제도 유형	2015년	2016년	2017년	2018년	2019년	2020년	2021년	2022년	2023년
확정급여형 퇴직연금	85	98	111	121	137	154	171	192	205
확정기여형 퇴직연금	28	33	40	48	56	65	75	83	99
IRP, IRP 특례	12	13	16	20	26	36	48	60	78
계	125	145	167	189	220	255	295	335	381

(출처: 국가통계포털 통계자료 활용 차트 작성)

DC형 가입자의 비율과 가입금액은 증가하고 있지만, 수익률이 낮다는 점은 여전히 큰 고민거리입니다. 이는 퇴직연금을 통해 근로자들이 안정적인 노후 생활을 하기를 바라는 국가의 고민이기도 합니다. 우리나라보다 먼저 퇴직연금 제도를 시행한 국가들의 수익률은 어떨까요?

최근 5년간 DC형 수익률[16]이 미국은 9.7%, 호주는 8.5%, 영국은 7.3%

---

16) 미국 2023년 401k 기준(Investopedia 2025. 1. 28), 호주 2025년 3월 ASAF, 영국 2024년 3월 2040 NEST RDF(nest annual report 2023/2024)

로 한국의 2.7%보다 매우 높습니다. 왜 이런 차이가 생겼을까요? 가장 큰 이유는 우리나라 DC형이 해외보다 원리금 보장형의 비중이 매우 높기 때문입니다.

2023년 기준으로 우리나라 DC형 적립금 99조 원 중 82%인 81조 원이 원리금 보장형으로 운용되고 있습니다. 그중 상당수는 아무런 운용 지시 없이 방치되어 있다고 합니다. 반면 호주[17]는 현금 4%, 채권 16%, 주식 63%, 부동산 등 기타 자산 17%로 분산투자되어 있죠. 이러한 문제를 해결하고자 도입된 것이 바로 "사전지정운용제도", 즉 디폴트옵션입니다. 퇴직연금 가입자들의 자산이 방치되지 않고 효과적으로 관리되도록 2022년 7월 12일부터 시행된 제도입니다.

디폴트옵션은 가입자가 직접 운용 방식을 지정하지 않으면 가입자가 사전에 선정한 디폴트 옵션 상품으로 금융회사가 자동으로 운용하는 방식입니다.

예를 들어 컴퓨터에서 모든 조건을 매번 설정하지 않아도 글씨체와 글씨 크기 등 기본값이 자동으로 설정되는 것과 같습니다. 디폴트옵션은 DC형과 IRP 가입자에게 적용됩니다.

가입자는 자신의 투자 성향에 따라 안정형, 안정투자형, 중립투자형, 적극투자형 등 네 가지 중 하나를 선택할 수 있습니다. 단일 상품뿐 아니라 포트폴리오 형태로 구성된 상품도 가능합니다. 이 제도가 도입된 이후 우리나라에서도 의미 있는 성과가 나타나고 있습니다.

디폴트옵션 상품이 본격적으로 판매된 지 얼마 지나지 않아 2024년 4

---

17) Superannuation Statistics March 2025

분기 말 가입자 수가 630만 명을 넘었고, 적립금도 40조 원 이상으로 전년 대비 두 배 넘게 증가했습니다. 특히 안정투자형 상품의 최근 1년 수익률은 7.20%로, DC형 평균 수익률 5.8%보다 높은 성과를 보여 주었습니다. 물론 퇴직연금은 장기간 투자하는 상품이기 때문에 1~2년의 수익률만으로 평가하기는 어렵습니다. 그러나 분명히 디폴트옵션의 긍정적인 효과가 나타나고 있습니다.

위험 등급	안정형	안정투자형	중립투자형	적극투자형
1년 수익률 (%)	3.32	7.2	11.77	16.83

DC형을 선택한 분이라면 퇴직연금을 방치하지 말고 꾸준히 관심을 가지고 공부하는 자세가 중요합니다. 하지만 바쁜 직장 생활로 관리가 어렵다면 디폴트옵션을 적극 활용하는 것도 좋은 방법입니다.

본인의 투자 성향에 맞춰 상품을 선택하면 되고, 상품 이름도 성향에 따라 명확히 정해져 있어 선택하기 쉽습니다. 예를 들어 'OOO은행 디폴트옵션 안정투자형 포트폴리오3, OOO증권 디폴트옵션 적극투자형 TDF'처럼 말이죠. 상품 선택에 필요한 정보는 고용노동부 홈페이지의 "정책자료실"이나 금융감독원 통합연금포털에서 쉽게 확인할 수 있으니 적극 활용해 보세요. 퇴직연금을 현명하게 관리하여 더욱 안정적인 노후를 준비해 보시길 바랍니다.

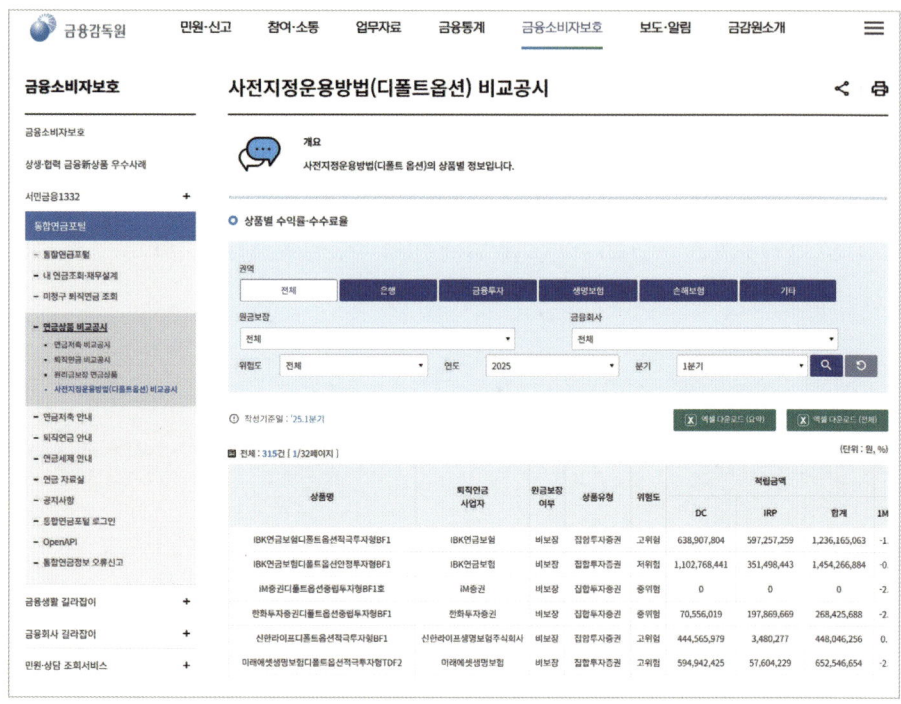

(출처: 금융감독원 연금포털 화면 캡처)

5.
TDF, 은퇴 시점에 맞춘 자동 투자

TDF(Target Date Fund)는 투자자가 은퇴 시점을 설정하면 생애주기별 자산배분 프로그램에 맞춰 자동으로 주식과 채권 비중을 조정해 주는 펀드입니다.

TDF의 기본 개념은 간단합니다. 투자자는 자신이 목표로 하는 은퇴 시점에 맞춰 최적화된 자산배분 전략을 제공하는 펀드를 선택합니다. 이때 선택하는 목표 은퇴 시점을 나타내는 숫자를 '빈티지(vintage)'라고 합니다.

예를 들어 1975년생인 투자자가 60세를 은퇴 시점으로 계획하고 있다면 은퇴 시점은 2035년이 되므로 "TDF 2035"를 선택하면 됩니다. 만약 조금 더 빨리 55세에 은퇴할 계획이면 "TDF 2030"을 선택하면 되겠지요.

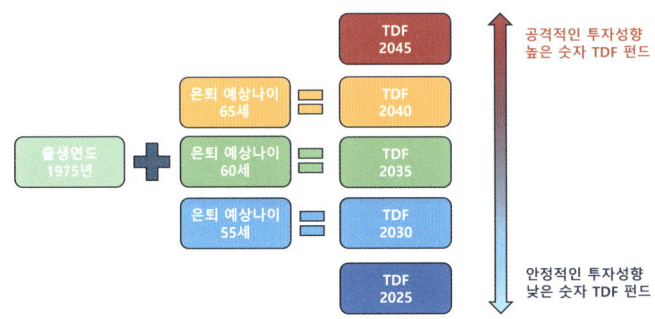

현재 판매 중인 TDF는 목표 은퇴 시점을 보통 5년 단위로 구분하여 선택하도록 하고 있습니다. 너무 세부적으로 나누면 펀드 규모가 작아져 효율적인 수익률 관리가 어렵기 때문이죠. 또한 투자자는 자신의 은퇴 시점에 정확히 맞추지 않고 투자성향에 따라 빈티지를 다르게 선택할 수도 있습니다. 공격적인 투자를 원하면 은퇴 시점보다 더 높은 숫자의 빈티지를 선택하고, 안정적인 투자를 원한다면 더 낮은 숫자의 빈티지를 선택할 수 있습니다.

빈티지가 높을수록 기대 수익률은 높아질 수 있지만, 위험자산 비중도 상대적으로 커져 변동성이 높아질 수 있다는 점을 기억하고 본인의 투자성향에 맞추어 신중히 선택해야 합니다.

아래 그래프는 "M 자산운용사"에서 운용 중인 TDF펀드의 빈티지별 3년 수익률과 표준편차를 보여 줍니다. 빈티지가 높을수록 수익률도 높아지지만 대표적인 위험지표인 표준편차 또한 함께 상승하는 것을 확인할 수 있습니다.

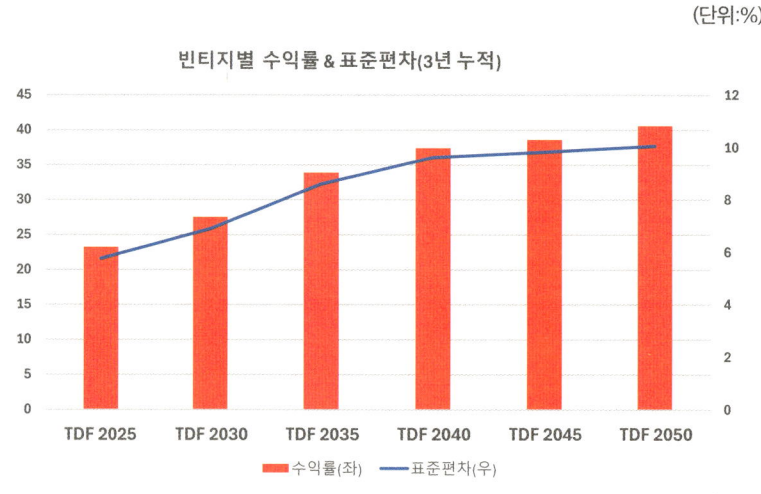

(출처: 펀드 가이드 자료 활용 작성)

TDF는 투자 초기에 주식과 같은 고수익 자산 비중을 높게 설정하고, 은퇴가 가까워질수록 채권과 같은 안정형 자산 비중을 늘립니다.

　일반적으로 은퇴 시점이 되면 공격적인 자산 비중을 40% 이하로 조정하는데. 이렇게 자산 비중을 점진적으로 안정적인 자산으로 바꾸는 것을 '글라이드 패스(Glide Path)'라고 합니다. 글라이드 패스의 원래 의미는 항공기가 활주로에 안전하게 착륙하기 위해 서서히 고도를 낮추는 경로를 뜻하는데요, TDF도 이와 마찬가지로 투자자의 은퇴 시점이 다가올수록 안전 자산 비중을 서서히 높여 안전하게 조정해 가는 것입니다.

　2007년 미국에서 활성화된 TDF는 국내에서는 2016년부터 본격적으로 판매되기 시작했습니다. TDF는 연금 전용 상품이 아니지만, 2023년 말 기준 TDF 순자산 11조 원 중 약 89%인 9.8조 원이 퇴직연금과 개인연금에서 유입될 만큼 인기 있는 연금 상품이 되었습니다.

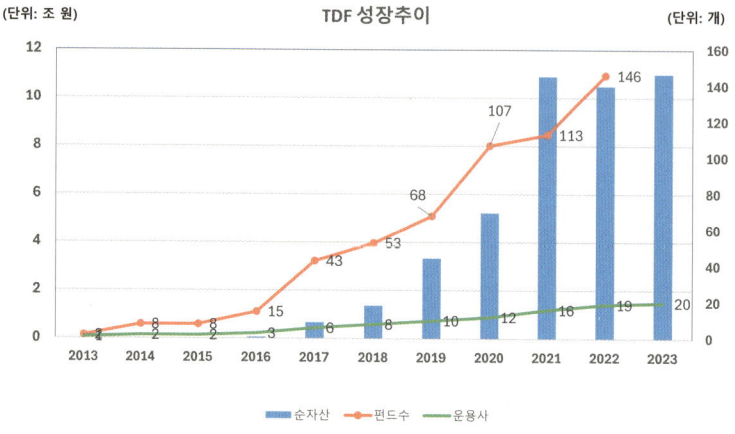

(출처: 금융투자협회 자료 활용 챠트 작성)

　　TDF가 연금 투자자에게 매력적인 이유는 장기적인 투자를 유지하기 쉽지 않은 현실적 문제를 효과적으로 해결해 주기 때문입니다. 특히 바쁜 직장 생활과 투자 지식 부족으로 인해 금융 시장의 잦은 변동에 일일이 대응하기 어려운 상황에서, TDF는 장기적인 전략에 따라 자산 비중을 자동으로 조정하며 안정적이고 효율적인 투자를 가능하게 합니다.

　　사실 투자 경험이 많은 저 또한 퇴직연금 일부를 TDF로 운용 중인데요, 저는 실제 계획한 은퇴 시점보다 더 공격적 빈티지인 "TDF 2050"을 선택해서 시장 변동성이 클 때도 감정적인 흔들림 없이 제 투자 성향에 맞춰 지속적으로 투자하고 있습니다. 덕분에 장기 투자에 대한 만족도도 높은 편입니다.

　　그렇다면 수많은 TDF 중에서 나에게 맞는 우수한 TDF는 어떻게 고를 수 있을까요? 좋은 TDF를 선택하는 방법은 우수한 일반 펀드를 선택하는 방법과 크게 다르지 않습니다. 시간적 여유가 있다면 펀드 운용 전략과 펀드매니저의 경력까지 꼼꼼히 살펴보는 것이 좋겠지만, 그렇지 못할 때는 네 가지를 꼭 확인해야 합니다.

첫째, 펀드의 수익률입니다. 당연히 수익률은 펀드를 선택할 때 가장 중요한 기준입니다. 과거 수익률이 미래 수익을 완전히 보장하지는 않지만, 꾸준히 좋은 성과를 보인 펀드는 앞으로의 성과도 기대할 수 있습니다.

특히 장기 투자상품인 TDF는 최소 3년 이상의 장기 수익률을 확인하고, 같은 유형의 다른 펀드와 비교해 수익률이 우수한지 살펴봐야 합니다. 또한 주식 시장이 침체될 때 얼마나 안정적으로 수익률을 방어했는지도 함께 확인하면 더욱 신뢰할 수 있는 펀드를 선택할 수 있습니다.

둘째, 펀드의 설정액입니다. 펀드 규모가 너무 작으면 원하는 운영 전략에 맞는 투자를 하기 어렵고, 반대로 너무 크면 효율적인 운용이 힘들 수 있습니다. 일반적으로 50억 원 이하의 작은 펀드는 투자 전에 신중하게 검토하는 것이 좋습니다.

셋째, 펀드의 위험 수준입니다. 펀드 선택에서는 수익률만큼 위험 관리도 매우 중요합니다. 같은 유형의 다른 펀드 대비 위험이 낮으면서 수익률이 높은 펀드를 찾는 것이 좋습니다. 펀드의 위험도를 평가하는 대표 지표인 샤프지수(Sharpe Ratio)를 참고하면 편리합니다.

샤프지수는 위험 대비 초과 수익을 얼마나 잘 얻고 있는지를 나타내는 지표로, 샤프지수가 높을수록 위험 관리가 잘 되고 있는 우수한 펀드라고 할 수 있습니다.

넷째, 펀드의 수수료입니다. 장기 투자상품인 TDF에서는 수수료 차이가 수익률에 큰 영향을 미칩니다. 동일한 펀드라도 판매보수와 수수료에 따라 펀드 이름 마지막에 알파벳을 붙여 종류(Class)를 구분합니다.

예를 들어 "OOO TDF 2050 증권투자신탁 C-P2e"라는 펀드는 선취수수료가 없는 C형 펀드로, 퇴직연금 전용으로 설계되어 있으며, 온라인을 통해 가입해서 오프라인 대비 판매보수가 더 저렴한 펀드를 의미합니다.

수수료와 관련된 내용은 아니지만, 펀드명에 'H'가 붙으면 외화자산에 대해 환헤지를 한다는 뜻이고, 'UH'가 붙으면 환헤지를 하지 않고 환율에 노출한다는 의미입니다.

종류(Class)		특징
판매 수수료	수수료 선취 (A)	선취 판매 수수료가 있는 펀드
	수수료 미징구 (C)	판매 수수료가 없으나 판매 보수가 있는 펀드
판매 경로	온라인 (e)	온라인에서 판매되는 펀드로 판매 수수료나 판매 보수가 오프라인보다 저렴
	오프라인	온라인보다 판매수수료나 판매 보수가 높으나 상담서비스 제공
기타	개인연금(P)	소득세법에 따른 연금저축계좌를 통해 매입이 가능한 펀드
	퇴직연금 (P2)	퇴직연금 및 IRP를 통해 매입이 가능한 펀드

※ 수수료: 판매 또는 환매 시 일정 비율로 지불하는 일회성 비용
※ 보수 : 투자 기간 중 매일 일정 비율로 지급하는 비용

모든 TDF를 하나하나 비교해서 가장 좋은 펀드를 골라 내기는 현실적으로 쉽지 않습니다. 그래서 저는 FundGuide(fundguide.net) 홈페이지를 활용하는 것을 추천합니다. FundGuide는 TDF 대시보드를 통해 빈티지별 수익률과 샤프지수, 설정액 등을 간편하게 비교하고 확인할 수 있도록 잘 구성되어 있습니다. 여러분에게 가장 적합한 TDF를 선택해 안정적인 연금 투자를 시작해 보시길 바랍니다.

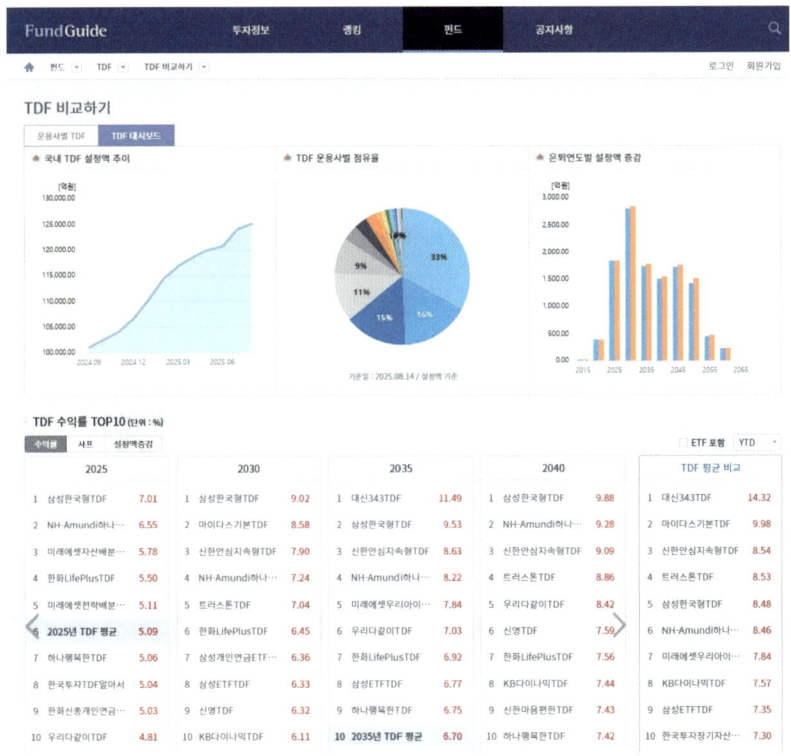

(출처: Fund Guide 화면 캡처)

6.
퇴직금, 바로 써도 IRP로 받는 게 유리하다

지금까지는 직장 생활을 하면서 미래를 위해 내 퇴직금을 어떻게 하면 효율적으로 운영하고 키울 수 있을지 고민하는 방법에 대해 살펴봤습니다. 이제는 막상 퇴직을 하게 되었을 때 퇴직금을 어떻게 받고 연금으로 활용할 수 있는지를 알아보겠습니다.

우선, 근로자가 퇴직하면 회사는 14일 이내에 퇴직금을 지급해야 합니다. 그런데 중요한 점이 하나 있는데요. 바로 퇴직금은 반드시 IRP 계좌로 받아야 한다는 점입니다. 과거 퇴직연금 가입자가 아닌, 일반 퇴직금 제도를 적용받던 근로자는 보통 일반 급여통장으로 퇴직금을 받았습니다. 이 경우 세제 혜택을 제대로 받지 못하고 퇴직금도 쉽게 소진하는 문제점들이 있었습니다.

그래서 2022년 4월 14일부터는 퇴직금을 반드시 IRP 계좌로 지급하도록 법이 개정되었습니다. IRP 계좌로 입금된 퇴직금을 연금 형태로 나누어 받게 되면, 원래 내야 하는 퇴직소득세에서 30%~40% 감면받는 혜택이 있습니다.

물론 퇴직금을 모든 경우에 IRP 계좌로만 받아야 하는 것은 아닙니다. 몇 가지 예외적인 경우에는 일반 급여계좌로 받을 수도 있는데요.

우선 법정 외 퇴직금은 예외입니다. 법정 외 퇴직금이란 명예퇴직이나 희망퇴직과 같이 법적으로 정해진 퇴직급여 이외에 회사가 추가로 지급하는 명예퇴직금이나 퇴직위로금 등을 말합니다. 또, 퇴직 당시 나이가 55세 이상이거나 퇴직급여액이 300만 원 이하인 경우, 사망으로 인해 퇴직한 경우, 외국인 근로자가 퇴직 후 국외로 출국하는 경우 등에도 일반 계좌로 받을 수 있습니다.

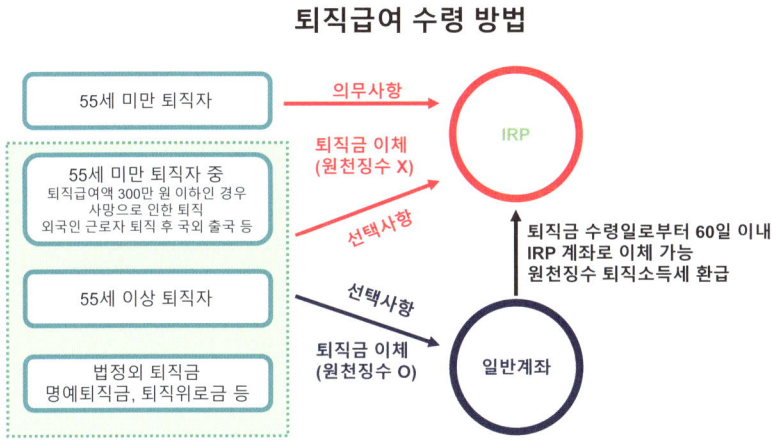

하지만 55세 이상이라도 무조건 IRP 계좌로 받는 것이 유리한데요.

예시를 통해 그 이유를 좀 더 구체적으로 살펴볼까요? 56세인 김연금 씨가 2024년 12월에 퇴직하면서 퇴직금 5억 원을 받게 되었고, 퇴직소득 세율이 15%라면 세금은 7,500만 원입니다. 일반 계좌로 받는다면 세금을 원천징수하고 남은 4억 2,500만 원만 받게 됩니다.

반면 IRP로 받는다면 우선 5억 원 전액이 입금됩니다. 그리고 연금 형태로 인출 시 매년 연금 수령한도에 대해서는 세금의 30%가 감면됩니다. 세법에서 정하는 연간 연금의 수령한도는 아래와 같습니다.

$$\frac{연금계좌\ 평가액}{(11-연금수령\ 연차)} \times \frac{120}{100}$$

예를 들어, 김연금 씨의 경우 5억 원의 10분의 1에 1.2를 곱한 6천만 원이 첫해 연금 수령한도가 됩니다. 따라서 이 6천만 원에 해당하는 퇴직소득세의 30%를 감면받게 되는데요.

전체 퇴직소득세 7,500만 원 중 6천만 원에 해당하는 세금은 900만 원이며, 이 중 30%인 270만 원을 감면받습니다. 결국 김연금 씨는 270만 원을 절세할 수 있습니다. 즉, 일반 계좌로 받지 않고 IRP에 입금한 후 인출함으로써 세금을 270만 원 줄인 것이죠.

하지만 여기서 중요한 것은 이 인출한도가 매년 1월 1일부터 12월 31일까지 연간 기준으로 적용된다는 점입니다. 12월에 연금 수령한도인 6천만 원을 인출하고 다음 해 1월 초에 나머지 4억 4천만 원을 인출하면, 새롭게 적용된 연간 인출한도 58,666,660원에 해당하는 퇴직소득세 880만 원의 30%인 264만원을 다시 감면받게 됩니다.

결국 김연금 씨는 퇴직금 5억 원 전액을 인출했지만, IRP 계좌를 활용하고 한 달도 안 되는 짧은 기간으로 나누어 인출하는 방식 덕분에 퇴직소득세를 총 534만 원 절세할 수 있게 됩니다.

구분	2024년도 (퇴직연도)	2025년도 (다음연도)
퇴직소득세	7,500만원	
연금 수령한도 (계산식)	5억원 ÷ (11-1) × 120 % = 6,000만 원	4억 4천만 원 ÷ (11-2) × 120% = 58,666,660 원
감면 대상 퇴직소득세	7,500만 원 × (6,000만 원/ 5억 원) = 900만 원	7,500만 원 × (58,666,660 원/ 5억 원) = 880만 원
실제 감면된 퇴직소득세 (30%)	270만 원 감면	264만 원 감면

    만약 김연금 씨가 일반 계좌로 퇴직금을 받았다 하더라도 60일 이내에 IRP 계좌로 전액을 입금하고 원천징수된 퇴직소득세까지 환급되어 입금된 후 다시 인출하면 동일한 절세 혜택을 받을 수 있습니다.

    그런데 김연금 씨가 IRP를 퇴직 시점이 아닌, 2013년 3월 1일 이전에 가입했거나 퇴직연금에 가입하였다면 그 효과는 더욱 극대화됩니다. 이는 세법 개정 전인 2013년 3월 1일 이전의 연금 수령한도 기준이 아래와 같이 지금의 두 배였기 때문입니다.

$$\frac{\text{연금계좌 평가액}}{(6-\text{연금수령 연차})} \times \frac{120}{100}$$

    이 경우 김연금 씨가 IRP로 입금 후 첫해에 전액을 인출하면 절세 효과가 540만 원으로 증가하고, 앞서 설명한 사례처럼 12월과 1월로 나누어 인출하면 무려 1,053만 원의 절세 효과를 얻을 수 있습니다.

    퇴직연금의 취지대로 연금 형태로 안정적인 노후를 준비하는 것이 가장 이상적이지만, 불가피하게 일시금으로 인출해야 하는 경우라도 반드시 IRP 계좌를 이용하여 최대한의 세금 절약 혜택을 받으시길 바랍니다.

7.
퇴직금 수령의 황금법칙: 연금으로 받으라

　6장에서 퇴직금을 일시금으로 받을 때 세금을 줄일 수 있는 방법을 사례로 설명했는데요. 사실 퇴직금은 연금 형태로 받는 것이 퇴직연금의 본래 취지에도 더 맞고 혜택도 더 많습니다.

　이번 장에서는 퇴직금을 연금으로 받았을 때의 장점과 꼭 알아 두어야 할 유의사항, 그리고 몇 가지 유용한 참고사항을 쉽게 설명해 드리겠습니다.

　먼저, 퇴직 후 만 55세 이상이 되면 IRP 계좌에 있는 퇴직금을 연금으로 받을 수 있습니다. 연금을 받기 시작하면 이후 추가 입금은 안 되고 오직 연금 수령만 가능해요. 연금은 다양한 방식으로 받을 수 있습니다. 매달 일정 금액으로 나누어 받아도 좋고, 매년 한 번씩 받을 수도 있고요, 금액도 필요에 따라 조정할 수 있으니 편리하게 이용하면 됩니다. 구체적인 방법은 가입한 금융회사에 문의하면 친절히 안내받을 수 있을 거예요.

　앞 장에서도 설명했듯이 연금 형태로 수령하면 퇴직소득세를 크게 줄일 수 있습니다. 처음 연금을 받기 시작한 후 10년 차까지는 원래 퇴직소득세의 70%만, 11년 차부터는 60%만 내면 되는데요, 여기서 주의할 점이 하나 있어요.

연금 수령 연차는 실제 연금을 받기 시작한 시점부터 계산된다는 겁니다. 연금을 받지 않은 채 10년을 보낸다고 자동으로 11년 차가 되는 건 아니니, 최대한의 세금 혜택을 원한다면 55세가 되자마자 적은 금액이라도 꼭 연금을 신청하는 게 좋습니다.

연금 수령한도 내에서 받는 연금에는 감면된 퇴직소득세율이 적용되고요, IRP 계좌에서 세액공제를 받았던 원금과 운용수익은 연금 수령 시 3.3%에서 5.5%라는 낮은 세율로 분리과세됩니다. 이자소득세보다 세율이 낮고 금융소득종합과세에도 포함되지 않을 뿐 아니라 건강보험료 산정에서도 제외되어 금융자산이 많은 분들에게 특히 유리합니다.

다만, 연간 수령액이 1,500만 원을 넘으면 종합과세 대상이 될 수 있는데요. 이때 다른 소득이 많지 않다면 종합과세가 유리하고, 반대로 다른 소득과 합쳤을 때 불리할 경우 16.5%로 분리과세를 신청하면 됩니다.

나이 (연금 수령일 현재)	연금 소득세율	종신연금 수령 시	연간 1,500만 원 이상 수령시
55세 이상 70세 미만	5.5%	4.4%	종합과세 또는 16.5% 분리과세
70세 이상 80세 미만	4.4%		
80세 이상	3.3%	3.3%	

IRP 계좌에는 입금된 자금의 원천이 다양한데, 각 금액의 원천에 따라 세율이 달라요. 그래서 인출할 때는 세법에서 정한 순서대로 세율이 적용되는데요, 우선 입금할 때 세액공제를 받지 않은 금액부터 인출합니다. IRP 계좌는 연간 900만 원까지 세액공제를 받지만 최대 1,800만 원까지 입금할 수 있잖아요. 그래서 1,800만 원을 입금했다면 세액공제를 받지

않은 900만 원부터 세금 없이 인출할 수 있습니다. 그다음으로 퇴직급여, 세액공제를 받은 원금, 마지막으로 운용수익 순서대로 인출되면서 각각 정해진 세율이 적용됩니다.

인출순서	입금 원천	연금 수령	일시금 수령
1	세액공제 받지 않은 금액	비과세	비과세
2	퇴직급여	30%~ 40% 감면	퇴직소득세 100%
3	세액공제 받은 금액	3.3% ~ 5.5%	16.5%
4	IRP 운용 수익		

퇴직급여는 입금하고 인출하는 시점과 방법에 따라 세금이 크게 달라질 수 있습니다. 따라서 본인의 소득과 계획에 따라 IRP 계좌를 활용해 연금으로 받거나 계획적인 자금 운용으로 세법상 최대 혜택을 받는 것이 중요해요.

예를 들어, 김연금 씨가 55세 미만이고 퇴직금 일부는 대출 상환에 써야 하고 나머지 금액을 연금으로 활용해 퇴직소득세 감면 혜택을 받고 싶다면 어떻게 해야 할까요?

명예퇴직금이나 퇴직위로금 같은 법정 외 퇴직금은 따로 받을 수 있으니 IRP 계좌를 두 개 만들어 법정퇴직금과 명예퇴직금을 각각 따로 수령하면 됩니다. 즉, 대출 상환에 필요한 자금은 하나의 IRP 계좌에서 인출하고, 나머지 자금은 다른 IRP 계좌나 연금저축펀드에 넣어 55세 이후에 연금 형태로 인출하면서 세금 혜택을 보는 거죠. 다만 IRP 계좌는 같은 금융회사에서는 하나만 만들 수 있으니 이 점도 꼭 참고하시면 좋겠습니다.

8.
퇴직금, 세금 떼고 나면 얼마 남을까?

은퇴 준비를 하다 보면 퇴직금이 과연 얼마나 될지 궁금해지기도 하고, 내가 내야 하는 퇴직소득세가 혹시 너무 많지는 않을까 걱정이 되기도 합니다. 투자에서도 '세후' 수익이 중요한 것처럼, 퇴직금 역시 세금을 내고 나서 실제로 받는 금액이 중요하니까요.

이번 장에서는 퇴직소득세가 어떻게 계산되는지 그 구조를 살펴보고, 실제 사례를 통해 직접 퇴직소득세를 계산해 보겠습니다. 세무는 일반인에게는 용어가 어렵고 복잡하게 느껴질 수 있지만, 퇴직소득세 계산 방식은 의외로 어렵지 않으니 편안하게 따라와 주시면 좋겠습니다. 퇴직할 때 세금은 회사나 금융회사에서 알아서 계산해주기 때문에 너무 걱정하지 마시고, 간단한 계산 방법과 유의할 부분만 기억하셔도 큰 도움이 될 겁니다.

먼저, 퇴직소득세의 몇 가지 특징부터 알아볼까요?

첫 번째 특징은 바로 '분류과세'입니다. 우리나라의 소득세법은 개인의 이자, 배당, 근로소득 등을 모두 합산하여 매년 과세하는 '종합과세'를 원칙으로 합니다. 하지만 퇴직소득은 수년에서 수십 년 동안 쌓인 소득이다 보니, 다른 소득과 합쳐서 과세하면 높은 누진세율이 적용되어 세금 부담이 상당히 커질 수 있습니다. 그래서 퇴직소득만 따로 분리해서 세율을 적용하는 '분류과세' 방식을 사용하고 있죠.

우리나라에서 퇴직소득과 양도소득이 이 분류과세 대상입니다.

두 번째 특징은 근무연수를 반영해서 과세표준을 낮추어 주는 '연분연승'이라는 장치입니다. 퇴직소득세를 계산할 때는 근무연수와 '환산배수'(12배)를 곱하거나 나누는 방법을 통해 세금을 낮춰 주는 효과를 줍니다. 이는 오랜 기간 노력한 사람들의 세금 부담을 합리적으로 낮춰 주기 위한 배려라고 생각하면 이해하기 쉽습니다.

세 번째 특징은 다양한 공제를 통해 세금을 줄여 준다는 것입니다. 구체적으로 '근속연수공제'와 '환산급여공제'라는 두 가지가 있는데요. 용어가 생소할 수 있지만, 실제 사례로 계산하면 그리 어렵지 않습니다.

그럼 사례를 들어 살펴보겠습니다.

김연금 씨가 30년 동안 일하고 받은 퇴직급여가 5억 원이라고 가정해 볼게요.

① 근속연수 공제	
근속 연수	공제액
5년 이하	100만 원 x 근속연수
10년 이하	500만 원 + 200만 원 x (근속연수 -5년)
20년 이하	1,500만 원 + 250만 원 x (근속연수 -10년)
20년 초과	4,000만 원 + 300만 원 x (근속연수 -20년)

먼저, 30년에 해당하는 근속연수공제를 계산하면 4,000만 원 + 300만 원 × (30년 - 20년)이 되어 총 7,000만 원이 공제됩니다. 이 금액을 퇴직급여에서 빼면 남은 금액은 4억 3,000만 원입니다.

이제 이 금액에 '환산배수'인 12배를 곱하면 51억 6,000만 원으로 일단 금액이 증가하게 됩니다. 하지만 걱정하지 마세요! 이렇게 커진 금액은 다시 근무연수인 30년으로 나누게 되면서 환산된 급여는 1억 7,200만 원으로 확 낮아지게 됩니다.

다음 단계는 '환산급여공제'라는 또 다른 공제를 적용하는 것입니다.

② 환산급여공제	
소득 금액	공제율
800만 원 이하	100%
7천만 원 이하	800만 원 + (800만 원 초과분의 60%)
1억 원 이하	4,520만 원 + (7,000만 원 초과분의 55%)
3억 원 이하	6,170만 원 + (1억 원 초과분의 45%)
3억 원 초과	1억 5,170만 원 + (3억 원 초과분의 35%)

김연금 씨는 1억 7,200만 원으로 3억 원 이하 구간이니 6,170만 원 + (7,200만 원 × 45%). 즉 9,410만 원이 환산급여공제금액입니다. 그럼 소득금액 1억 7,200만 원에서 환산급여공제금액인 9,410만 원을 빼주어야 겠지요. 이렇게 산출된 금액이 세금의 대상이 되는 과세표준입니다. 김연금 씨의 과세표준은 7,790만 원입니다.

이 금액은 퇴직소득세율표에 따라 24% 세율구간에 해당하고, 누진공제액이 576만 원이라 이를 계산하면 산출세액은 1,294만 원이 됩니다.

③ 퇴직소득세율(지방소득세 별도)		
과세표준	세율	누진공제액
1,400만 원 이하	6%	-
1,400만 원 초과 5,000만 원 이하	15%	126만 원
5,000만 원 초과 8,800만 원 이하	24%	576만 원
8,800만 원 초과 1억 5,000만 원 이하	35%	1,544만 원
1억 5,000만 원 초과 3억 원 이하	38%	1,994만 원
3억 원 초과 5억 원 이하	40%	2,594만 원
5억 원 초과 10억원 이하	42%	3,594만 원
10억 원 초과	45%	6,594만 원

마지막으로 다시 근무연수(30년)를 곱하고 환산배수(12)로 나누면 최종 납부해야 할 퇴직소득세가 3,234만 원으로 나옵니다. 여기에 지방소득세 10%를 더해 최종 세금은 약 3,557만 원으로 계산됩니다.

퇴직소득세 산출과정을 보면 세금에 가장 큰 영향을 미치는 두 요소를 발견할 수 있습니다. 맞습니다. 퇴직급여와 근무연수입니다. 퇴직급여가 높을수록 근무연수가 짧을수록 세금이 많아지게 되는 구조입니다. 아래 표는 근속연수와 퇴직급여에 따른 퇴직소득세 산출액입니다. 그리고 산출세액 아래는 퇴직소득 실효세율로 실제로 납부하는 퇴직소득세가 퇴직급여의 몇 %가 되는지를 나타내는 숫자입니다.

퇴직 급여	근속 연수						
	1년	5년	10년	15년	20년	25년	30년
5천만 원	992만 원	236만 원	75만 원	33만 원	-	-	-
	20%	5%	1%	1%	0%	0%	0%
1억 원	2,464만 원	1,036만 원	426만 원	239만 원	123만 원	75만 원	26만 원
	25%	10%	4%	2%	1%	1%	0%
2억 원	5,606만 원	3,571만 원	1,966만 원	1,162만 원	773만 원	558만 원	380만 원
	28%	18%	10%	6%	4%	3%	2%
3억 원	8,823만 원	6,392만 원	4,289만 원	2,844만 원	1,984만 원	1,361만 원	1,085만 원
	29%	21%	14%	9%	7%	5%	4%
4억 원	12,041만 원	9,316만 원	7,006만 원	4,961만 원	3,721만 원	2,771만 원	2,105만 원
	30%	23%	18%	12%	9%	7%	5%
5억 원	15,258만 원	12,319만 원	9,781만 원	7,656만 원	5,838만 원	4,545만 원	3,557만 원
	31%	25%	20%	15%	12%	9%	7%

근무연수가 짧은 경우 20%~30%의 실효세율이지만 근무연수가 길어질수록 5% 미만의 낮은 실효세율임을 알 수 있죠. 따라서 퇴직소득세를 줄이기 위해서는 가능한 한 직장에서 오래 근무하는 것이 유리하다고 볼 수 있습니다.

9.
모르면 손해, 아는 만큼 돌려받는 퇴직소득 세액정산

매년 연말이면 직장인들의 최대 관심사는 역시 연말정산입니다. 1년 동안 월급에서 원천징수한 소득세를 다시 한번 계산해 환급받을 수 있으니까요. 이 때문에 많은 직장인이 연말정산을 '13월의 월급'이라 부르며 기다리곤 합니다. 물론 때로는 오히려 세금을 더 내야 해서 마음이 불편할 때도 있지만요.

그런데 퇴직소득세에도 이런 정산 제도가 있다는 사실, 알고 계셨나요? 바로 퇴직소득 세액정산입니다. 퇴직소득 세액정산의 목적도 연말정산과 비슷하게 세금을 조금이라도 줄이는 데 있습니다.

앞서 퇴직소득세는 근속연수와 퇴직급여에 따라 달라진다고 말씀드렸습니다. 하지만 실제 근무한 기간보다 근속연수를 적게 인정받는 바람에 세금을 더 내는 경우도 생기는데요. 대표적인 사례가 바로 재직 중에 퇴직금을 중간정산받는 경우입니다.

우리나라 소득세법[18]에 따르면 근속연수는 "근로를 제공하기 시작한 날 또는 퇴직소득 중간 지급일의 다음 날부터 퇴직한 날까지"로 정의됩니다.

---

18) 소득세법 시행령 제105조 (근속연수) 1항

쉽게 말해서, 중간정산을 받았다면 그다음 날부터 퇴직일까지의 기간만 근속연수로 인정될 수도 있습니다.

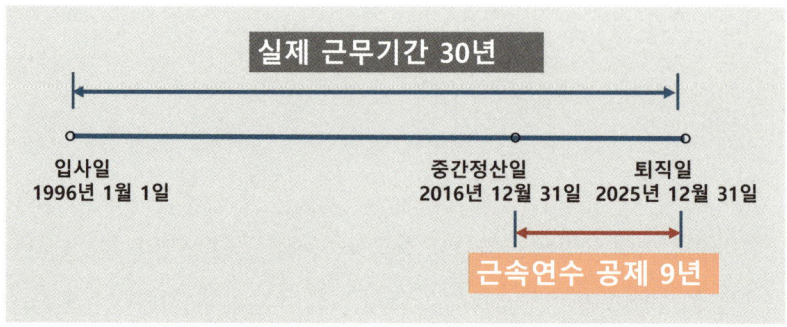

이렇게 되면 퇴직자가 실제보다 더 많은 퇴직소득세를 납부하게 되는 문제가 생기겠죠. 그래서 소득세법[19]에서는 퇴직소득을 계산할 때 이미 지급된 퇴직소득의 근무년수를 합산해서 실제 근무기간을 제대로 반영하도록 하고 있습니다.

예를 들어 볼까요?

김연금 씨는 1996년에 입사하여 2016년에 퇴직금을 중간정산 받았고, 2025년에 퇴직할 예정입니다. 실제로는 30년을 근무했지만, 퇴직소득세 계산 시 근속연수는 2017년부터 2025년까지의 9년만 인정됩니다. 이런 경우 퇴직소득 세액정산을 하면 중간정산받은 퇴직금을 포함한 전체 퇴직급여를 실제 근무기간(30년)을 기준으로 세금을 다시 계산할 수 있습니

---

19) 소득세법 시행령 제203조 (퇴직소득세액의 정산)

다. 김연금 씨의 사례를 구체적으로 살펴보겠습니다.

▶ 중간정산(2016년 12월 31일)
- 퇴직급여: 1억 5천만 원
- 퇴직소득세: 660만 원(지방소득세 별도 66만 원)

▶ 2025년 퇴직금 자료(2025년 12월 31일)
- 법정퇴직금: 7천만 원
- 명예퇴직금: 3억 3천만 원

		퇴직소득세 정산 적용 전	퇴직소득세 정산 적용 후	차 이
	퇴직급여	4억 원	5억 5,000만 원원	1억 5,000만 원
−	근속연수 공제	1,300만 원	7,000만 원	5,700만 원
=		3억 8,700만 원	4억 8,000만 원	9,300만 원
×	환산배수	12배	12배	
=		46억 4,400만 원	57억 6,000만 원	11억 1,600만 원
÷	근속연수	9년	30년	21년
=	환산급여	5억 1,600만 원	1억 9,200만 원	- 3억 2,400만 원
−	환산급여공제	2억 2,730만 원	1억 310만 원	- 1억 2,420만 원
=	과세표준	2억 8,870만 원	8,890만 원	-1억 9,980만 원
×	소득세율	38%	35%	- 3%
=	환산산출세액	8,976만 원	1,567만 원	- 7,409만 원
×	근속연수	9년	30년	21년
÷	환산배수	12배	12배	
=	산출세액	6,732만 원	3,918만 원	- 2,814만 원
÷	지방소득세	673만 원	391만 원	- 282만 원
−	기납부 세액		726만 원	
=	**총 납부 세액**	7,405만 원	3,584만 원	*- 3,821만 원*

만약 김연금 씨가 퇴직소득세 정산을 신청하지 않으면 퇴직소득세 6,732만 원과 지방소득세 673만 원, 총 7,405만 원을 내야 합니다. 하지만 퇴직소득세 정산을 적용하면 퇴직소득세 3,918만 원과 지방소득세 391만 원, 총 4,309만 원으로 줄어듭니다.

여기에서 중간정산 때 이미 납부한 퇴직소득세 726만 원(지방소득세 포함)을 제외하면 최종적으로 김연금 씨가 납부할 세금은 3,584만 원이 되죠. 결국 정산 전 퇴직소득세의 무려 52%인 3,821만 원이 줄어드는 효과를 볼 수 있는 겁니다.

이처럼 퇴직소득 세액정산의 핵심은 근속연수를 실제 근무한 기간으로 인정받아 세금을 낮추는 것입니다. 퇴직소득세 정산은 회사에 직접 신청하거나, 퇴직연금사업자인 은행, 증권사, 보험사 등에서 신청할 수 있습니다. 중요한 점은 본인이 직접 신청해야만 확실하게 적용받을 수 있다는 것입니다.

회사에서 퇴직소득세 정산을 미리 알아서 반영해 주는 경우도 있지만, 본인이 직접 신청해야 더욱 확실하게 혜택을 받을 수 있습니다. 그러니 퇴직 전에는 반드시 중간정산 내역을 꼼꼼히 확인하고, 퇴직소득세 정산을 신청하는 것이 유리한지 따져 보는 것이 좋겠습니다.

신청할 때 필요한 서류는 퇴직소득 원천징수영수증입니다. 이 서류는 인근 세무서에 신분증을 지참하고 방문하면 즉시 발급받을 수 있고, 정보공개 포털(open.go.kr)을 통해서도 신청할 수 있습니다. 퇴직소득세 정산은 중간정산 외에도 임원 승진이나 회사의 합병, 분할, 출자관계 법인으로의 전출 시 퇴직금을 받은 경우에도 해당합니다. 만약 퇴직 후에야 퇴직소득세 정산 제도를 알았다면, 걱정하지 말고 관할 세무서에 경정청구를 하세요. 경정청구[20]는 퇴직소득세 신고기한 이후 5년 이내라면 가능합니다.

---

20) 국세기본법 제45조의2(경정 등의 청구) 1항

PART 5.

개인연금.
스스로 키우는
나만의 노후 자산

1.
개인연금. 기초부터 제대로 알아보기

앞서 국민연금을 비롯한 공적연금과 퇴직연금에 대해 알아봤는데요, 3층 연금 체계는 마지막으로 개인연금까지 준비해야 비로소 완벽하게 갖춰진다고 할 수 있습니다. 국가가 책임지는 공적연금과 회사 생활을 통해 받는 퇴직연금을 기초로 삼고, 여기에 개인이 직접 준비하는 개인연금을 추가함으로써 안정적이고 풍요로운 노후를 위한 준비가 마침내 이루어지는 것이죠.

이제부터 3층 연금의 가장 위층을 차지하는 개인연금을 좀 더 깊게 살펴보겠습니다. 먼저 개인연금의 역사부터 간단히 짚어 보겠습니다.

우리나라에서 개인연금의 역사는 1994년 6월, '개인연금저축'이라는 이름으로 처음 시작되었습니다. 국민연금이 1988년에 먼저 시행되긴 했지만, 공적연금만으로는 노후생활을 충분히 준비하기 어렵다는 인식이 있었습니다. 그래서 정부는 다양한 세금 혜택을 제공하며 개인의 노후 대비를 적극적으로 지원했던 것이죠.

1994년은 저에게도 특별한 해였습니다. 제가 은행에서 첫 직장 생활을 시작했던 해인데요, 그 당시 금융권에서는 개인연금저축 시장을 선점하기 위해 뜨거운 경쟁이 펼쳐졌던 기억이 아직도 생생합니다.

당시 개인연금저축은 만 20세 이상의 국내 거주자라면 누구나 가입할 수 있었고, 분기별 300만 원, 연간 최대 1,200만 원까지 납입할 수 있었습니다. 납입금액의 40%(연 최대 72만 원)까지 소득공제를 받을 수 있었고, 연금을 받을 때는 비과세 혜택도 주어졌습니다.

이후 2001년부터는 '개인연금저축' 대신 '연금저축'이 새롭게 등장했습니다. 연금저축은 연간 납입액 전체에 대해 최대 240만 원까지 소득공제 혜택을 받을 수 있었지만, 중도에 해지할 경우 기타소득세가 부과되어 실질적인 노후준비 기능을 더 강화했습니다. 또한 이때부터 연금 수령 시 연금소득세가 부과되었는데, 초기에는 10%였다가 2002년 세법 개정으로 5%로 인하되었습니다.

연금저축은 이후 세법 개정을 통해 여러 차례 변경이 있었습니다. 소득공제 한도가 2006년에는 300만 원, 2011년에는 400만 원으로 증가했습니다.

특히 2013년은 개인연금 제도에 큰 변화가 있었던 해입니다. 이때 '연금저축계좌'라는 새로운 이름이 도입되었고, 퇴직연금과 함께 묶어 세법상 '연금계좌'라는 개념으로 관리하게 되었습니다. 소득공제 방식도 세액공제로 바뀌었고, 연금 인출 한도를 연차별로 제한하면서 노후보장 기능이 더욱 확대되었습니다. 연금소득세는 3.3%~5.5%의 구간으로 세분화되었으며, 연간 1,500만 원을 초과하는 연금소득은 종합소득 과세 대상이 되었지만, 가입자의 선택에 따라 16.5%의 분리과세도 가능해졌습니다.

구분	(구)개인연금저축	(구)연금저축	연금저축계좌
기간	1994년 6월 ~ 2000년 12월	2001년 1월 ~ 2013년 2월	2013년 3월 ~
납입 한도	분기별 300만원 (연 1,200만원)	분기별 300만원 (연 1,200만원) 2013년 3월 이후 연 1,800만원 (분기한도 없음)	연 1,800만원 (분기한도 없음)
납입 기간	10년 이상	10년 이상	5년 이상
연금수령 요건	만 55세 이후, 5년 이상 분할	만 55세 이후, 5년 이상 분할	만 55세 이후 10년 이상 (연도별 한도액 설정)
세제 혜택 (납입 시)	소득공제 연간 납입보험료의 40% 72만원 한도	소득공제 2001년 ~ 2005년: 240만원 한도 2006년 ~ 2010년: 300만원 한도 2011년 ~ 2013년: 400만원 한도 2014년부터 세액공제	세액공제 (2014년부터) 13.2% 소득요건 충족 시 16.5%
연금 수령 시 과세	비과세	연금소득세 5.5% 연 600만원 초과 시 종합과세	연금소득세 : 3.3% ~ 5.5% 연 1,500만원 초과 시 종합과세 => 16.5%로 분리과세 신청 가능
중도해지 시	이자소득세 부과 가입 후 5년 이내 해지 시 해지추징세 4.4% 부과	기타소득세 22% 부과 가입 후 5년 이내 해지 시 해지가산세 2.2% 부과	기타소득세 16.5% 부과

자, 이제 개인연금과 관련해 자주 접하는 용어들을 함께 살펴보겠습니다.

• 연금계좌

소득세법에서 연금계좌는 연금저축과 퇴직연금 계좌를 모두 포함하는 용어입니다. 연금저축에는 연금저축펀드, 연금저축신탁, 연금저축보험 등이 있고, 퇴직연금 계좌로는 DC형 퇴직연금, IRP(개인형 퇴직연금), 중소기업퇴직연금계좌, 과학기술인공제회 퇴직연금계좌 등이 있습니다.

• 소득공제

종합소득세를 계산할 때 법에서 정한 일정 금액을 소득에서 빼 주는 것을 말합니다. 이렇게 줄어든 소득을 과세표준으로 삼아 세율을 곱해 세금을 계산하게 됩니다. 과거 개인연금저축은 연간 최대 72만 원까지 소득공제 혜택을 제공했습니다. 소득이 높을수록 높은 세율이 적용되다 보니, 자연스럽게 고소득자일수록 세금 혜택을 더 많이 누릴 수 있습니다.

• 세액공제

소득공제와는 달리 세금 산출액에서 직접 일정 금액을 빼 주는 것을 뜻합니다. 현재 연금저축계좌는 납입액의 최대 16.5%까지 세금을 줄여 줍니다. 예를 들어 연금저축계좌에 900만 원을 납입했다면 최대 148만 5천 원의 세금을 직접 절약할 수 있습니다. 소득에 상관없이 동일한 금액을 돌려받을 수 있는 제도입니다.

- 과세이연

세금 납부 시기를 미래로 미루는 혜택을 말합니다. 완전한 비과세는 아니지만, 세금을 미뤄 두는 동안 해당 자금을 운용할 수 있다는 장점이 있습니다. 연금계좌에서는 수익이 생겨도 바로 세금을 내지 않고 나중에 연금 수령 시점에 연금소득세만 내면 되기 때문에 일반 금융상품보다 유리합니다.

- 세제적격

연금을 납입할 때 소득공제나 세액공제 혜택이 있는 상품을 의미합니다. 연금저축과 IRP(개인형 퇴직연금)가 대표적입니다.

- 세제비적격

납입할 때는 세금 혜택이 없지만, 연금 수령 시 비과세 혜택을 주는 상품을 말합니다. 대표적인 상품이 연금보험이며, 비과세 혜택을 받기 위해서는 총 보험료가 1억 원 이하이거나, 월 보험료 합계가 150만 원 이하로 5년 이상 납부하고 10년 이상 유지해야 합니다. 단, 종신형 연금은 납입금액에 제한이 없습니다.

- 연금보험

연금저축보험과 구별되는 상품입니다. 연금저축보험은 세법상 연금계좌로 분류되지만, 연금보험은 일정 조건을 갖추면 연금을 받을 때 비과세 혜택을 누릴 수 있는 세제비적격 상품입니다.

개인연금을 이해하기 위한 기본 용어들을 살펴봤으니, 다음 장부터는 본격적으로 개인연금에 대해 더욱 자세히 알아보겠습니다.

2.
연금저축. 펀드·보험·신탁 한눈에 비교하기

개인연금의 역사와 자주 등장하는 용어들을 살펴보았으니, 어느 정도 개인연금에 대해 이해가 되셨을 거라 생각합니다. 이제 개인연금 중에서 연금저축을 좀 더 자세하게 살펴보겠습니다.

연금저축은 크게 연금저축신탁, 연금저축펀드, 연금저축보험 이렇게 세 가지 상품으로 나눌 수 있습니다.

먼저, 연금저축신탁은 은행에서 판매하던 상품이었는데, 낮은 수익률과 손실 보전을 위한 지나친 보수적 운영으로 2018년에 신규 판매가 중지되었습니다. 따라서 지금 새로 가입을 고민하는 분들에게는 굳이 관심을 둘 필요가 없는 상품입니다. 연금저축신탁은 예금자 보호가 최대 1억 원까지 가능하고 실적에 따라 배당이 이루어지는 상품이지만, 2017년까지 가입한 경우에는 원금도 보장되는 특징이 있습니다.

연금저축펀드는 일반 펀드와 마찬가지로 실적에 따라 수익이 달라지는 상품으로, 원금이 보장되지 않고 예금자 보호 대상도 아닙니다. 따라서 투자성향이 적극적이고 수익성을 중시하는 분들에게 적합한 상품이죠.

연금저축펀드도 위험도에 따라 다양한 펀드들이 있기 때문에 본인의 투자성향에 맞게 구성할 수 있습니다.

마지막으로 연금저축보험은 예금자 보호가 최대 1억 원까지 가능하며, 공시이율에 따라 안정적으로 운용되는 상품입니다. 안정적이고 보수적인 투자 성향을 가진 분들에게 적합하죠. 다만, 보험 상품이다 보니 보험사마다 수수료가 다르고, 이 수수료가 장기적으로 수익률에 영향을 미칠 수 있으니 꼼꼼하게 비교해서 선택해야 합니다.

구분	연금저축보험	연금저축신탁	연금저축펀드
주요판매사	은행, 증권사, 보험사	은행 (2018년부터 판매중지)	은행, 증권사
원금보장	보장	비보장	비보장
예금자	예금자보호(1억 원)	예금자보호(1억 원)	비보호
수익	공시이율	실적배당	실적배당
납입방식	정기납입	자유적립	자유적립
연금수령방식	확정기간형 생명보험사 (종신형, 확정기간형)	확정기간형	확정기간형

이처럼 연금저축은 각 상품마다 특징이 있기 때문에 가입자의 성향과 상황에 맞게 선택하는 것이 매우 중요합니다. 특히 연금저축은 장기간 보유하면서 운영하는 상품이기 때문에 처음 선택이 더욱 신중해야 합니다.

연금저축을 선택할 때는 수익률도 중요한 고려 요소일 텐데요, 최근 3

년 수익률[21]을 보면 연금저축보험은 수익률은 낮지만 안정적이고, 연금저축펀드는 수익률은 높지만 그만큼 변동성이 큽니다.

연금저축상품 연평균 수익률

(단위 : %)

구분	보험	신탁	펀드	전체
2022년	2.0	-0.5	-24.4	-2.3
2023년	2.6	6.2	12.6	4.6
2024년	2.6	5.6	7.6	3.7

연금은 오랜 기간 동안 운영해야 하는 상품이므로 단기 수익률만 보기보다는 장기 수익률을 중심으로 판단하는 것이 더 현명합니다. 그리고 국민연금과 퇴직연금을 포함한 전체 연금자산을 기준으로, 본인의 투자 성향을 반영한 자산 배분 관점에서 연금저축 상품을 선택하는 것이 좋습니다.

가입 중에 투자 성향이나 상황이 바뀌면 연금저축보험과 연금저축펀드 간 전환도 가능하며, 연금저축신탁도 연금저축보험이나 연금저축펀드로 이전이 가능합니다. 계좌의 이체제도에 대해서는 "6. 연금계좌 이체, 손해 없이 갈아타기"에서 더 살펴보겠습니다.

그렇다면 국내 가입자들은 이 세 가지 상품 중 어떤 상품을 선호하고 있을까요? 금융감독원 자료에 따르면, 2024년 말 기준 국내 연금저축 잔액은 약 180조 원입니다. 이 중 연금저축보험이 64%(116조 원)로 가장 높은

---

[21] 금융감독원 연금감독실 "2024년 연금저축 적립 및 운용현황 분석"

비중을 차지하고 있고, 연금저축펀드는 22%(40조 원), 연금저축신탁은 8%(15조 원)를 유지하고 있습니다.

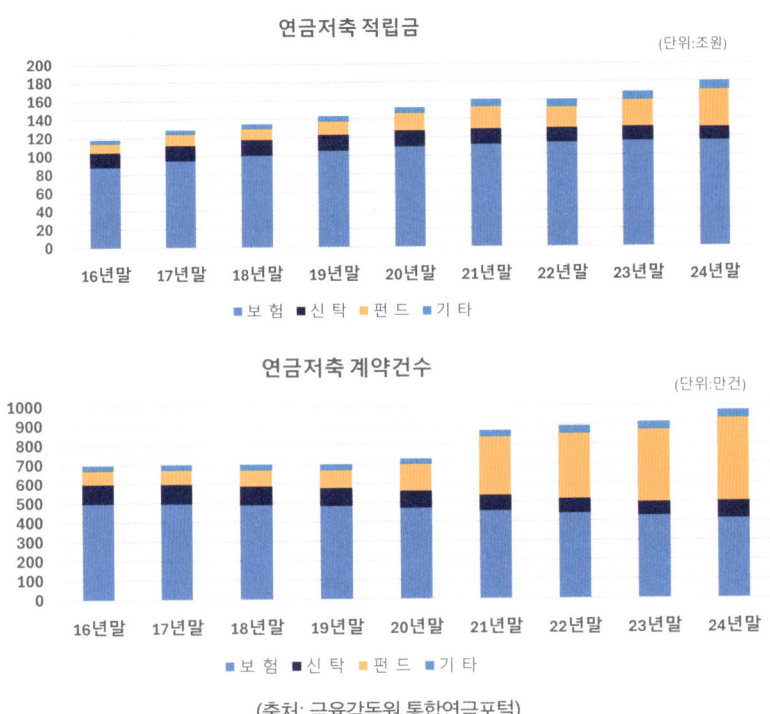

(출처: 금융감독원 통합연금포털)

특히 최근 들어 연금저축펀드의 계약 건수가 급격히 늘어나고 있는데요, 2019년 94만 건에서 2024년 430만 건으로 4.6배나 증가했고, 연금저축 전체 계약에서 차지하는 비중도 13%에서 44%로 크게 늘어났습니다.

이런 변화는 단순히 안정성만을 추구하던 기존의 연금 운용 방식에서 벗어나, 수익을 높이기 위한 '능동적 연금 관리'에 대한 관심이 커진 결과로 보입니다. 이는 연금에 대한 인식이 단순한 노후 대비를 넘어 '자산 운용의 한 축'으로 자리 잡아 가고 있다는 뜻이기도 합니다.

하지만 연금저축펀드는 시장 변동성에 따라 손실이 발생할 수 있는 상품이므로, 안정적인 수익을 얻기 위해서는 가입자 스스로의 꾸준한 관심과 노력이 중요합니다. 자산배분을 정기적으로 점검하고, 시장 흐름을 이해하며, 장기적인 관점에서 펀드를 운용하는 것이 성과의 핵심입니다. 단기 수익률에 지나치게 흔들리지 않되, 필요할 땐 과감한 리밸런싱도 고려할 수 있어야 연금이 은퇴 이후 든든한 현금흐름의 기반이 될 수 있습니다.

3.
연금저축보험과 연금보험, 뭐가 다를까?

연금 상품을 보다 보면 이름이 비슷해 헷갈리는 경우가 많습니다. 그중 대표적인 것이 바로 연금보험과 연금저축보험입니다.

'저축'이라는 두 글자가 들어가느냐 마느냐의 작은 차이 같지만, 실제로는 세제 혜택의 적용에서 중요한 차이가 있는 상품입니다. 두 상품 모두 보험의 형태로 운용되지만, 세금 측면에서는 다른 결과를 가져오기 때문에 그 차이를 잘 이해할 필요가 있습니다.

우선 연금저축보험은 세법상 '연금계좌'로 분류됩니다. 세법이 정한 연금계좌에는 연금저축계좌와 퇴직연금계좌가 있고, 연금저축보험은 연금저축펀드, 연금저축신탁과 함께 연금저축계좌에 포함되는 세제적격 상품입니다.

이 말은 곧 세액공제 혜택을 받을 수 있다는 의미죠. 연간 1,800만 원까지 납입할 수 있고, 이 중 최대 600만 원까지 세액공제 혜택이 주어지며, 공제율 16.5%를 적용받는다면 최대 연 99만 원의 절세 효과를 볼 수 있습니다. 또한 수령 시에는 3.3~5.5%의 낮은 연금소득세율이 적용됩니다.

반면 연금보험은 세법상 연금계좌가 아니기 때문에 세제비적격 상품입니다. 납입 시에는 세액공제 혜택이 전혀 없지만, 연금 수령 시 일정 요건을 충족하면 비과세가 가능하고, 그렇지 않은 경우에도 과세 시점을 늦출 수 있는 '과세이연' 효과의 장점이 있는 상품입니다.

비과세 혜택을 받을 수 있는 금액에는 한도가 있지만, 납입금액 자체에는 별도의 제한이 없기 때문에, 자금 여력이 있는 분들이 장기적인 자산 운용과 노후 준비 전략으로 적극적으로 활용할 수 있습니다.

구분	연금저축보험	연금보험
특징	세제적격상품	세제비적격상품
가입대상	제한 없음 (외국인은 국내거주자인 경우)	제한 없음
장점	연간 600만 원 한도 세액공제 (16.5% 또는 13.2%)	조건 충족 시 이자소득세 면제
과세	연금으로 수령 시 연금소득세 (3.3% ~ 5.5%)	"10년 유지 시 비과세 - 총보험료 1억 원 이하 - 월납 150만 원 이하 5년납 이상"
납입한도	연간 1,800만 원	제한 없음 (상품별 상이)
연금개시	만 55세부터	만 18세부터 90세 (상품별 상이)
중도인출	제한적 (사망, 해외이주, 천재지변 등)	가능
비고	중도해지 및 일시금 수령 시 16.5% 과세	

자, 그럼 어떤 상품이 더 좋을까요? 물론 연금계좌 안에서도 연금저축보험과 연금저축펀드 중 어떤 상품을 선택할지는 또 다른 고민입니다. 하지만 이 글에서는 보험 형태로 가입할 수 있는 두 가지 상품, 즉 연금저축보험과 연금보험에 초점을 맞춰 살펴보겠습니다.

자신의 상황에 맞는 상품을 선택하는 것이 정답이겠지요. 아무리 고가의 명품 드레스나 턱시도라도, 등산을 갈 때 입고 나설 수는 없듯이, 연금 상품도 자신의 상황과 목적에 맞지 않으면 불편하고 비효율적인 선택이 될 수 있습니다.

저는 이렇게 조언드리고 싶습니다. 세제혜택을 받을 수 있는 한도 내에서는 연금저축보험부터 활용하시고, 더 납부할 여력이 있다면 연금보험의 장점을 활용하는 것을 추천합니다. 연금저축보험은 단순히 저축 기능을 넘어, 납입만으로 사실상 연 16.5%의 수익률을 확보하는 셈입니다.

앞의 글 "DB형 vs DC형, 퇴직연금의 두 갈림길"에서 2023년 기준 DC형 퇴직연금의 11년 연평균 수익률은 고작 2.3%라고 말씀드렸습니다. 수익을 내기 위해 많은 시간과 노력을 들였지만 그 결과가 2% 남짓이니, 세액공제로 얻는 16.5%의 효과가 얼마나 큰지는 쉽게 체감되실 겁니다.

게다가 미성년자나 무소득자도 납입만 해 두면 취업 이후 과거 납입분에 대해서도 소급 적용으로 세액공제를 받을 수 있다는 점도 연금저축보험의 큰 장점입니다. 이제 연금보험 쪽으로 시선을 돌려볼까요?

연금보험의 가장 큰 장점은 이자소득에 대한 비과세 혜택입니다. 과거에는 고액자산가들이 저축성보험을 절세 수단으로 자주 활용했습니다. 저축성보험이란 기본적인 보장 기능 외에 저축의 성격을 갖는 보험으로, 일반적으로 위험보다는 저축 기능이 크기 때문에 만기 시에는 납입한 보험료보다 더 많은 금액을 수령하게 됩니다.

국가는 장기 저축을 장려하고 자산 형성을 돕기 위해, 한때 저축성보험의 수익에 대해 금액 제한 없이 비과세 혜택을 인정해 주었습니다. 하지만 이 제도가 고액자산가들의 절세 수단으로 활용된다는 비판 여론이 커지면서, 2013년 2월 세법 개정을 통해 비과세 한도가 생겼습니다. 당시 세법이 개정되기 전에 비과세 혜택을 받기 위한 저축성보험 계약이 급격히 증가하기도 했습니다.

현재는 총납입 보험료 기준 1억 원, 월납의 경우 월 150만 원 이하라는 조건을 충족해야 비과세 혜택을 받을 수 있습니다. 예전보다 까다로워진 비과세 조건 때문에 과거보다 활용에 제약이 생겼지만 여전히 한도 내에서는 개인연금의 전략으로 충분히 가치가 있습니다.

또한, 과세이연도 연금보험의 중요한 장점입니다. 비과세처럼 세금이 아예 면제되는 것은 아니지만, 과세 시점을 연기함으로써 자산을 더 오래 굴릴 수 있다는 점에서 매우 유용한 제도입니다. 특히 경제활동이 활발할 때가 아닌 은퇴 이후 과세가 이뤄질 가능성이 높기 때문에, 종합소득세율 부담을 낮출 수 있고, 건강보험료 산정에도 유리하게 작용할 수 있습니다.

이처럼 연금보험은 비과세와 과세이연이라는 두 가지 절세 기능을 동시에 갖춘 상품으로, 자산 규모가 크거나 노후자금을 장기적으로 운용하고자 하는 사람들에게 효과적인 도구가 될 수 있습니다. 아래 자료를 한번 보겠습니다.

한 보험사의 연금보험 상품 내용을 표로 만들어 보았는데요. 이 상품은 10억 원을 일시납으로 가입한 뒤, 최초 5년 동안은 연복리 3.25%로 운용되고, 이후부터는 공시이율로 전환되는데, 여기서는 공시이율을 2.67%로 가정해 보겠습니다.

이제 고액자산가의 입장에서 이 상품이 어떤 장점이 있는지 살펴보겠습니다. 현재 60세이고, 법인의 대표이사로 근로소득뿐 아니라 금융소득도 많아 종합소득세율 40% 구간에 해당한다고 가정해 보겠습니다. 만약 이 가입자가 10억 원을 연 4% 정기예금에 넣는다면, 1년 뒤에 4천만 원의 이자를 받게 됩니다. 하지만 이자소득에 대해 40%의 종합소득세를 적용받게 되면 세후 수령액은 2,400만 원에 불과하고, 실질 수익률은 연 2.4%로 떨어집니다. 여기에 금융소득 증가로 인해 건강보험료까지 인상된다면 실제로 체감하는 수익률은 더 낮아지게 됩니다.

반면, 같은 금액을 위에서 설명한 연금보험에 넣고 운용한다면 상황이 달라집니다. 10억 원을 일시납한 후 5년간 운용하면, 65세 시점에는 자산이 약 11.5억 원으로 증가합니다. 이 시점부터 매월 612만 원씩 연금으로 수령하게 되는데, 중요한 점은 이 연금 수령액이 원금 10억 원을 초과하는 78세까지는 과세되지 않는다는 것입니다. 즉, 18년 동안 과세가 유예되는 '과세이연' 구조입니다.

세금을 늦추는 것이 단순한 연기처럼 보일 수 있지만, 자산을 운용하는 입장에서는 이 시차가 굉장히 중요합니다. 세금을 내지 않고 굴릴 수 있는 시간이 길수록 복리 효과는 커지고, 운용 수익률도 상승하게 됩니다. 게다가 연금 수령 시점이 경제활동이 한창인 60~70대가 아니라, 소득이 줄어든 78세 이후이기 때문에, 종합소득세율도 낮은 구간이 적용될 가능성이 크고, 건강보험료 산정에도 유리하게 작용할 수 있습니다.

   이처럼 연금보험은 세금을 아예 면제해 주는 비과세 혜택뿐 아니라, 세금 납부 시점을 늦춰주는 과세이연의 기능까지 함께 갖춘 상품입니다. 특히 소득이 높고 자산이 많은 고액자산가들에게는 자산운용의 유연성과 절세 효과를 동시에 누릴 수 있는 구조로, 매우 매력적인 노후 금융수단이 될 수 있습니다.

   참고로 2024년말 기준 세제적격 개인연금은 약 180조 원, 세제비적격 개인연금은 208조 원 규모에 이릅니다.

   이처럼 두 제도 모두 널리 활용되고 있는 만큼, 자신의 소득과 자산 상황에 맞춰 연금저축보험과 연금보험의 장점과 특징을 적절히 활용한다면 보다 체계적인 노후 준비가 가능할 것입니다.

4.
연금저축펀드·IRP. 닮은 듯 다른 두 연금계좌

연금저축펀드와 IRP(개인형 퇴직연금)는 모두 세법상 '연금계좌'로 분류되며, 유사한 점이 많습니다. 하지만 조금 더 들여다보면 세액공제 한도나 활용 방식에서 차이점이 존재합니다. 이번에는 이 두 상품의 주요 차이점과 어떻게 활용하면 좋을지 알아보겠습니다.

먼저, 세법상 연금계좌의 가장 큰 장점은 세액공제 혜택입니다. 연금저축펀드와 IRP 모두 세액공제가 가능하지만, 공제 한도는 서로 다릅니다.

- 두 상품을 합산하여 연간 최대 1,800만 원까지 납입할 수 있고,
- 세액공제는 그중 900만 원 한도 내에서 가능합니다.
- 단, 연금저축은 세액공제 대상이 연간 600만 원까지로 제한되어 있으며,
- IRP는 단독으로 최대 900만 원까지 세액공제를 받을 수 있습니다.

다음 표를 참고하시면 각 상품의 세액공제 한도 차이를 더 쉽게 이해하실 수 있습니다.

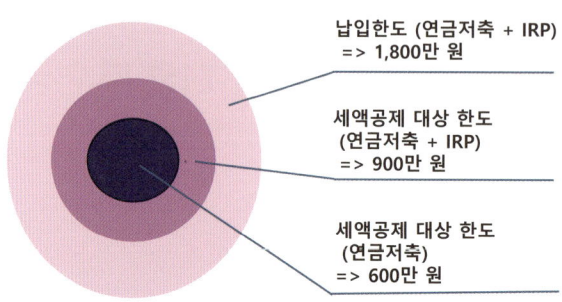

연금저축펀드 납입금액	IRP 납입금액	납입금액 합계	세액공제 대상금액
1,800만 원	0원	1,800만 원	600만 원
900만 원	0원	900만 원	600만 원
600만 원	300만 원	900만 원	900만 원
300만 원	600만 원	900만 원	900만 원
0원	900만 원	900만 원	900만 원
0원	1,800만 원	1,800만 원	900만 원

두 번째 차이점은 가입 대상입니다. 연금저축펀드는 가입에 대한 자격 제한이 없기 때문에, 소득이 없는 미성년자도 가입할 수 있습니다.

반면, IRP(개인형 퇴직연금)은 이름에서 알 수 있듯 퇴직연금 제도의 일부이므로, 소득이 있거나 퇴직금을 수령한 사람만 가입할 수 있습니다. 다시 말해, 일정한 근로소득이나 퇴직 이력이 있어야 가입이 가능한 구조입니다.

세 번째 차이는 투자 가능한 상품의 범위입니다. 연금저축펀드는 이름 그대로 펀드 중심의 상품이며, ETF(상장지수펀드)와 리츠(REITs) 등 실적배당형 금융상품에 주로 투자합니다.

다만, 예금이나 보험처럼 원리금이 보장되는 상품에는 투자할 수 없습니다. 반면, IRP는 실적배당형 상품은 물론 원리금보장형 상품까지 선택할 수 있는 폭이 넓습니다. 예금, 보험, RP(환매조건부채권) 등 안정적인 자산과 함께 ETF나 펀드 등 실적배당상품도 함께 운용할 수 있죠. 단, 근로자퇴직급여보장법에 따라 자산운용에는 일정한 제한이 있습니다. 전체 적립금 중 위험자산(예: 주식형 펀드, ETF 등)에 투자할 수 있는 비중은 최대 70%까지이며, 나머지 30% 이상은 원리금보장형 자산 등 안전자산에 반드시 투자해야 하는 의무가 있습니다.

네 번째 차이는 '중도인출' 가능 여부입니다. 연금저축펀드는 필요한 금액만 부분 인출이 가능해 유동성 측면에서 유리합니다. 반면 IRP는 법에서 정한 '부득이한 사유'에 해당하지 않는 한 중도인출이 불가능합니다. 이 때문에 예기치 않게 자금이 필요할 때, 어쩔 수 없이 IRP 계좌를 해지하는 사례도 종종 발생합니다. 따라서 중도인출 가능성이 있다면 IRP보다는 연금저축펀드를 우선적으로 활용하는 것이 유리합니다. 또한 IRP는 금융회사별로 1인 1계좌만 개설 가능하므로, 여러 회사에 계좌를 분산해 납입하는 것도 하나의 전략입니다. 반면 연금저축펀드는 동일 금융회사에서도 여러 개의 계좌 개설이 가능하며, 중도인출도 자유로워 유동성 면에서 IRP보다 한층 유연합니다.

이러한 특성을 고려할 때, 연금저축펀드는 자녀가 어릴 때부터 미리 가입해 두는 데도 적합합니다. 연금저축은 세법상 '연금계좌'이므로 운용수익에 대해 과세이연이 적용되어, 가입 기간 동안 발생한 수익을 계속 운용함으로써 복리효과를 누릴 수 있습니다. 또한 추후 자녀가 성인이 되어 소득이 생기면, 기존에 세액공제를 받지 않았던 납입금에 대해 "과세제외금액 세액공제 전환특례"를 신청할 수 있는 제도가 있습니다.

이 제도는 2014년 2월 신설된 소득세법 조항으로, 세액 공제를 받지 못한 과거 납입금도 해당 연도의 납입금으로 간주하여 세액공제를 받을 수 있게 하는 제도입니다. 미성년자나 무소득자의 장기 가입을 장려하기 위한 장치라고 볼 수 있습니다.

한편, 소득세법에서 정한 '부득이한 인출 사유'에 해당하는 경우에는, 연금저축펀드와 IRP 모두 연금소득세율(3.3%~5.5%)을 적용받기 때문에 일반적인 기타소득세보다 낮은 세율로 부담을 줄일 수 있습니다.

구분	IRP 중도인출	연금저축 중도인출	소득세법상 저율과세 적용	적용 세율
6개월 이상 요양 의료비	○	○	○	연금소득세 (3.3% ~ 5.5%)
개인회생, 파산선고	○	○	○	
천재지변	○	○	○	
사망. 해외이주	×	○	○	
3개월 이상 요양 의료비	×	○	○	
"연금사업자 영업정지, 인가취소, 파산"	×	○	○	
무주택자 주택구입, 전세보증금	○	○	×	기타소득세 (16.5%)
사회적 재난	○	○	×	
기타	×	○	×	

마지막 다섯 번째 차이는 '수수료'입니다. 연금저축펀드는 계좌관리 수수료가 없지만, IRP(개인형 퇴직연금)는 별도의 계좌유지수수료가 발생합니다.

IRP의 수수료는 크게 운용관리수수료와 자산관리수수료로 나뉘며, 금융회사마다 부과 방식이나 금액이 다를 수 있습니다. 최근에는 비대면으로 계좌를 개설하면 수수료를 면제해 주는 금융회사도 많기 때문에, 가입 전에 비교해 보는 것이 유리합니다.

어떤 금융사가 더 저렴한지 알고 싶다면 금융감독원의 '통합연금포털'을 활용해 보세요. 이 포털에서는 금융회사별 IRP 수수료를 한눈에 비교할 수 있어, 나에게 맞는 금융사를 고르는 데 도움이 됩니다. 최근에는 연금저축펀드나 IRP 계좌를 통해 ETF에 투자하는 경우가 많아졌습니다. ETF는 주식처럼 실시간으로 거래가 가능하기 때문에, 투자 성향에 따라 매매가 빈번해지는 경우도 많습니다. 이럴 때는 매매수수료가 중요한 고려 요소가 됩니다.

금융회사별로 다소 차이는 있지만, 일반적으로 IRP 계좌에서는 ETF를 사고팔 때 매매수수료가 면제되는 경우가 많습니다. 반면, 연금저축펀드는 매매수수료가 부과되는 구조가 일반적입니다. 따라서 ETF 거래가 잦은 투자자라면 IRP 계좌를 활용하는 것이 수수료 측면에서 더 유리할 수 있다는 점도 참고할 만합니다.

5.
연금저축·IRP. 수령 한도와 세금 이해하기

노후 준비에 관심이 많았던 김연금 씨는 매년 세액공제 혜택을 받으며 연금저축펀드에 꾸준히 납입해 왔습니다. 그리고 드디어 55세가 되어 연금을 수령할 수 있는 시점에 도달했습니다.

현재 김연금 씨의 연금저축펀드 계좌에는 운용수익을 포함해 총 1억 원이 쌓여 있으며, 이제 그는 다음과 같은 질문이 생기기 시작했습니다.

- 한 해에 얼마나 연금을 수령할 수 있을까?
- 수령 한도를 넘겨 인출할 수는 있을까?
- 세금은 얼마나 내야 할까?

우선, 연금계좌(연금저축, IRP)에 납입한 금액은 일정 요건을 충족하면 저율의 연금소득세(3.3% ~ 5.5%)만 납부하면 됩니다.

하지만 세법에서 정한 연간 수령 한도를 초과해 인출하면 16.5%의 기타소득세가 부과되거나, 종합과세 대상이 되어 종합소득세율로 과세될 수 있습니다.

그렇다면 연금 수령 한도는 어떻게 계산할 수 있을까요? 앞서 퇴직연금의 수령 한도를 설명할 때 살펴본 것처럼, 연금저축 역시 동일한 법적 기준이 적용됩니다. 관련 기준은 소득세법 시행령 제40조의2에 따라 정해져 있으며, 이에 따르면 연금 수령 한도는 다음과 같이 계산됩니다:

$$\frac{연금계좌의\ 평가액}{(11 - 연금수령\ 연차)} \times \frac{120}{100}$$

연금 계좌의 수령 한도를 계산할 때 기준이 되는 계좌 평가액의 기준일은 매년 1월 1일입니다. 단, 연금을 처음 신청하는 경우에는 신청일 기준으로 평가액을 산정합니다.

그럼 올해 김연금 씨가 처음으로 연금 수령을 신청했다고 가정하고, 연금 수령 한도를 계산해 보겠습니다. 김연금 씨의 연금저축펀드 계좌에는 현재 평가액 1억 원이 있으며, 올해가 연금 수령 첫해(1년 차)입니다. 연금 수령 한도는 (11 - 수령연차)로 계산된 분모로 나누고, 여기에 1.2배를 곱한 금액까지 저율의 연금소득세로 수령이 가능합니다.

따라서 올해는 다음과 같이 계산됩니다.

- 1억 원 ÷ (11 - 1) = 1,000만 원
- 1,000만 원 × 1.2 = 1,200만 원까지 연금 수령 가능

내년은 어떻게 될까요?

올해 1,200만 원을 수령했다고 가정하면, 계좌 평가액은 8,800만 원으로 줄어들게 됩니다. 여기에 매년 500만 원씩 수익이 발생한다고 가정하

면, 내년 1월 1일 기준 평가액은 9,300만 원이 됩니다. 이제 수령연차는 2년 차가 되므로, 계산은 다음과 같습니다:

- 9,300만 원 ÷ (11 - 2) = 1,033만 원
- 여기에 1.2배를 적용하면 → 약 1,240만 원까지 연금 수령 가능

이와 같이 연금 수령 한도는 매년 변경되며, 수령연차가 늘어날수록 분모가 줄어들기 때문에 한도는 점점 높아집니다. 그리고 연금 개시 후 10년이 지나면 한도 제한이 사라지기 때문에, 11년 차부터는 얼마든지 자유롭게 인출할 수 있습니다.

다만 여기서 주의해야 할 점이 있습니다. 연금저축과 IRP에서 수령하는 '사적연금소득'이 연간 1,500만 원을 초과할 경우, 다음 중 하나를 선택해야 합니다:

① 분리과세(16.5%) 적용
② 종합과세 포함 → 종합소득세율 적용(최대 49.5%)

따라서 세율이 높은 구간에 해당되는 분이라면, 설령 연금 수령 한도가 1,500만 원을 초과하더라도 실제 수령액은 1,500만 원 이하로 조절하는 것이 세금을 줄이는 현명한 방법입니다.

예를 들어, 김연금 씨도 연금 수령 7년 차부터는 계산상 수령 한도가 1,500만 원을 넘게 되지만, 세금 부담을 고려한다면 한도까지 인출하지 않고 1,500만 원까지만 수령하는 전략이 유리할 수 있습니다.

(단위: 만원)

수령연차	평가금액	수령한도	예상 운영 수익	비고
1	10,000	1,200	500	
2	9,300	1,240	500	
3	8,560	1,284	500	
4	7,776	1,333	500	
5	6,943	1,386	500	
6	6,054	1,453	500	
7	5,101	1,530	500	1,500 초과
8	4,071	1,628	500	1,500 초과
9	2,943	1,766	500	1,500 초과
10	1,677	1,677	500	1,500 초과

이렇게 매년 연금 수령 한도가 정해지면, 연금계좌에서는 어떤 항목부터 먼저 인출되는 걸까요?

연금계좌에는 여러 종류의 자금이 혼합되어 있습니다. 예를 들어,

- 세액공제를 받은 납입금,
- 세액공제를 받지 않은 납입금,
- 그동안 발생한 운용 수익,
- IRP에 입금된 퇴직금 등이 함께 포함되어 있을 수 있습니다.

이처럼 출처가 서로 다른 자금들이 하나의 계좌에 담겨 있는 경우, 실제 연금을 수령할 때 어떤 자금부터 먼저 인출되는지는 세법에서 순서를 정하고 있습니다. 즉, 연금 수령 시에는 아래 표와 같은 인출 우선순위에 따

라 순차적으로 인출이 진행됩니다.

인출 순서	연금저축(신탁, 보험, 증권)	퇴직연금 (IRP)
1	세액공제 받지 않은 납입액	세액공제 받지 않은 납입액
2	세액공제 받은 납입액	퇴직금 원금
3	운용 수익	세액공제 받은 납입액
4		운용 수익

그렇다면 연금계좌에서 인출 순서가 정해져 있는 이유는 무엇일까요? 그 이유는 연금계좌에 납입된 자금의 원천에 따라 과세 여부와 과세 종류가 다르기 때문입니다. 우선, 세액공제를 받지 않은 납입금은 연금을 수령할 때 세금이 부과되지 않습니다.

바로 이 점이 연금계좌의 세액공제 한도(연 900만 원)를 초과해서 최대 1,800만 원까지 납입하는 것이 유리한 이유입니다. 초과 납입한 금액은 비록 세액공제는 받지 못하지만, 과세이연 효과를 누릴 수 있고 수령 시에 운용수익에만 저율의 연금소득세(3.3%~5.5%)만 적용되므로 일반 금융상품의 이자소득세 15.4%보다 훨씬 유리합니다.

또한, 납입 원천이 퇴직금인 경우도 별도로 구분됩니다. IRP에 입금된 퇴직금은 연금수령한도 내에서 수령하면 퇴직소득세의 30~40%가 감면된 연금소득세가 적용됩니다. 하지만 한도를 초과하거나 일시금으로 인출하면 원래의 퇴직소득세율이 적용되며, 이때는 소득의 종류도 '퇴직소득'으로 분류됩니다.

그리고 세액공제를 받은 납입액과 그 운용수익은, 연금수령한도 내에서 수령하는 경우에는 역시 저율의 연금소득세(3.3%~5.5%)가 적용됩니다.

하지만 수령한도를 초과하면 기타소득세 16.5%가 부과된다는 점은 앞서 여러 차례 설명드렸습니다. 이처럼 납입한 자금의 출처(원천)에 따라 과세 방식과 적용되는 소득 구분이 달라지기 때문에, 연금 수령 시 인출 순서를 명확히 정해 두는 것입니다. 다행히 이 인출 순서는 일반 가입자에게 세금 측면에서 유리한 구조로 설계되어 있다는 점도 참고할 만합니다.

그런데 연금을 수령하는 동안에도 연금계좌 내 자산은 계속 투자되고 있다는 점, 궁금하지 않으신가요? 그렇다면 이런 상황에서 실제로 연금은 어떤 방식으로 인출될까요? 연금 계좌에서 연금 수령을 위해 자산을 인출할 때는 정해진 '매도 순서'에 따라 자산이 처분됩니다. 기본적인 순서는 다음과 같습니다:

① 계좌에 현금이 있다면, 가장 먼저 현금부터 인출됩니다.
② 현금이 부족할 경우, 펀드 자산을 매도하게 되는데,
→ 이때는 일반적으로 채권형 펀드 → 주식형 펀드 순서로 매도됩니다.

여기서 하나 꼭 기억해야 할 점이 있습니다.
ETF(상장지수펀드)를 보유하고 있는 경우에는 자동으로 매도되지 않습니다. 펀드는 매도 시점의 기준가로 가격이 정해지기 때문에 동일한 날에 동일 상품을 매도하면 동일한 가격으로 처리됩니다. 하지만 ETF는 주식처럼 실시간으로 거래되는 상품이라 같은 날 매도하더라도 시점에 따라 가격이 달라질 수 있습니다.

따라서 연금계좌에 ETF가 편입되어 있다면, 연금 수령 전 직접 매도해 현금화해야 한다는 점을 반드시 유의해야 합니다.

6.
연금계좌 이체, 손해 없이 갈아타기

　세법상 연금계좌(연금저축, 퇴직연금 등)를 살펴보면, 일반적인 금융상품과는 다른 점이 많다는 것을 알 수 있습니다. 이는 정부가 국민의 노후 소득 보장을 위해 연금계좌에 다양한 세제 혜택을 제공하고 있기 때문입니다. 그중 하나가 '연금계좌 이체 제도'입니다.
　보통 금융상품은 만기 전에 해지하면 약정된 이자보다 낮은 금리를 적용받거나 심지어 원금 손실까지 발생할 수 있습니다. 특히 연금계좌를 중도에 해지할 경우, 납입할 때 세액공제를 받았던 금액과 운용 수익에 대해 기타소득세 16.5%를 납부해야 하므로 손해가 더 커질 수 있죠.
　이러한 문제를 줄이기 위해, 연금수령이 시작되기 전이라면 연금계좌 간 이체를 인출로 보지 않고 세제상 불이익 없이 이전할 수 있도록 세법에서 허용하고 있습니다. 연금계좌 간 이전을 하더라도 연금 가입 기간은 그대로 유지되며, 과세도 발생하지 않습니다. 이러한 '연금계좌 이체'는 세 가지 방식으로 나누어 볼 수 있습니다.
　첫째는 연금저축 간 이체입니다. 연금저축에는 연금저축펀드, 연금저축신탁, 연금저축보험이 있으며 이들 간 상호 이전이 가능합니다. 예를 들어, 연금저축보험을 유지하던 가입자가 보다 적극적인 투자를 원할 경우 연금저축펀드로 이전할 수 있고, 반대로 연금저축펀드의 변동성이 부담스러울 경우 연금저축보험으로 옮기는 것도 가능합니다. 실제로는 연금저축보험이나 연금저축신탁 상품에서 연금저축펀드로 이전하는 경우가 많습니다.

다만 연금저축보험을 이전할 때는 유의해야 합니다. 해지환급금 기준으로 이전되기 때문에, 가입 초기라면 각종 수수료로 인해 원금이 부족한 상태일 수 있습니다. 따라서 원금 회복 시점을 파악해 이전 여부를 결정하는 것이 바람직합니다. 또한 과거 고금리 시기에 가입한 연금저축보험은 현재보다 높은 확정금리를 적용받고 있을 수 있으니, 이전 후 예상 수익률과 현재 금리를 비교하여 신중히 판단해야 합니다.

둘째는 IRP 계좌 간 이체입니다. IRP는 대부분의 금융회사에서 취급하고 있으며, 회사마다 수수료나 상품 구성, 운용 가능성 등이 다르다 보니 더 나은 조건을 찾아 이전하는 경우도 많습니다. 이 경우에도 세제상 불이익 없이 자유롭게 이전이 가능합니다.

셋째는 연금저축과 IRP 간의 이체입니다. 이때는 일정 요건이 충족되어야 합니다. 가입기간이 5년 이상이면서 나이가 55세 이상일 때만 이전이 가능하며, 단 퇴직금이 입금된 IRP 계좌는 예외적으로 이러한 요건 없이도 이전할 수 있습니다.

이처럼 다양한 형태의 연금계좌 간 이전이 가능하지만, 이체가 제한되는 경우도 있습니다. 먼저, 일부 금액만 이체하는 '부분 이전'은 허용되지 않습니다. 계좌 전체 금액을 다른 계좌로 옮기는 전액 이전만 가능합니다. 또한, 계좌에 압류나 질권이 설정되어 있으면 이전이 제한됩니다. 연금이 이미 개시되어 연금을 수령 중인 계좌로 다른 계좌의 금액을 이전하는 것도 허용되지 않습니다. 다만, 수령 중인 계좌에서 다른 미개시 계좌로의 이전은 가능합니다.

특히 주의할 점은 2013년 3월 이후 가입한 연금계좌는 그 이전 가입계좌로 이체가 불가능하다는 점입니다. 2013년 세법 개정으로 연금 수령 기간에 대한 규정이 변경되었기 때문입니다.

과거에는 연금을 최소 5년 동안 수령하면 되었지만, 개정 이후에는 10년 이상으로 확대되었습니다. 이는 연금을 보다 길게 수령하게 함으로써 노후소득을 안정적으로 유지할 수 있도록 하려는 제도적 취지입니다. 하지만 가입자의 입장에서는 과거처럼 필요한 시점에 큰 금액을 유연하게 활용하기 어려워졌다는 점에서 아쉬움을 느낄 수 있습니다.

이런 차이 때문에 2013년 3월 이후에 개설한 연금계좌는 그 이전 가입계좌로 이체할 수 없도록 법에서 제한하고 있습니다.

또한 연금저축보험을 연금저축펀드로 이전할 경우에는 보험상품 특성상 가입 시점과 수수료 구조에 따라 실제 해지환급금이 원금보다 적을 수 있으므로, 이전 전에 현재 해지환급금을 반드시 확인하는 것이 좋습니다.

7.
ISA, 이 상품을 놓치면 후회하실 겁니다

1970~80년대에 영화를 좋아하셨던 분들이라면, 주말 밤 TV프로그램 '명화극장'을 기억하실 겁니다. 그 시절엔 지금처럼 콘텐츠를 골라 보는 시대가 아니었기 때문에, 어떤 영화가 나올지 미리 알고 기다리는 재미도 있었지요. 방송은 늦은 밤에 시작되다 보니 온 가족이 함께 보기는 어려웠지만, 영화 좋아하는 사람들에게는 주말의 작은 즐거움이었습니다. 무엇보다 인상 깊었던 건, 방송 며칠 전부터 자주 등장하던 짧은 영화 소개 영상이었습니다.

검은 테 안경을 쓴 한 영화평론가가 등장해 "이번 주 토요일에는 어떤 영화가 방영됩니다"라며 간략한 줄거리와 배경을 소개해 주었죠. 그분은 언제나 "좋은 영화입니다"라고 소개하곤 했지만, 어린 시절의 저는 늘 궁금했습니다.

'그렇다면 정말로 추천하고 싶은 영화는 어떤 걸까?'

그 궁금증은 훗날 한 이야기를 들으며 풀렸습니다. 그분이 진심으로 좋아하는 영화를 소개할 때는, 평소와는 다른 멘트를 남겼다고 합니다. 바로 "이번 영화를 놓치면 후회하실 겁니다."

이야기를 금융상품으로 옮겨 보자면, 금융회사 직원들도 수많은 상품을 소개하고 판매하지만, 그중에는 진심으로 추천하고 싶은 상품이 있게 마련입니다. 바로 "이 상품을 놓치면 후회하실 겁니다"라고 말할 수 있는 상품 말이지요.

그 대표적인 예가 바로 ISA(개인종합자산관리계좌)입니다. ISA(Individual Savings Account)는 예·적금, 펀드, 상장지수펀드(ETF), 주식 등 다양한 금융상품에 투자하면 200만 원(서민·농어민형은 400만 원 한도)까지 비과세 혜택을 주는 상품으로 서민들의 안정적인 재산형성을 지원하기 위한 목적으로 2016년 3월부터 판매되었습니다.

그럼 ISA가 어떤 상품이고 또 놓치면 후회할 혜택은 무엇이 있는지 하나씩 살펴보겠습니다.

우선 ISA 가입대상은 19세 이상 거주자이면 누구나 가능하고 근로소득이 있으면 15세 이상인 거주자도 가입할 수 있습니다. 다만 서민들을 위한 금융상품이라서 연간 금융소득이 2,000만 원 초과인 금융소득 종합과세 대상자 (직전 3개년 기준)는 가입이 불가능합니다.

구분	일반형	서민형	농어민
대상	만 19세 이상 또는 직전연도 근로소득이 있는 만 15세 이상 ~ 만 19세 미만 대한민국 거주자	직전연도 총급여 5천만 원 또는 종합소득 3천 8백만 원 이하 거주자	직전연도 종합소득 3천 8백만 원 이하 농어민 거주자
가입 금액	연간 2,000만 원 한도 (총 1억 원, 미불입금액 다음연도 이월 가능)		
비과세한도	200만 원	400만 원	
비과세 초과 시 세율	9.9% (지방세 포함) 분리과세		
의무 가입 기간	3년		

현재 ISA는 모든 금융회사를 통틀어 1인당 1계좌만 개설할 수 있도록 되어 있습니다. 다만, ISA의 운용 방식에 따라 계좌 유형이 아래와 같이 나뉘며, 금융회사에 따라 취급 유형이 달라집니다.

첫째, 중개형 ISA는 증권사에서만 개설할 수 있는 방식입니다. 고객이 직접 주식, 채권, ETF 등 다양한 금융상품을 자유롭게 거래할 수 있으며, 신탁보수나 일임 수수료는 발생하지 않습니다. 다만 개별 상품의 매매 시에는 상품별 수수료나 보수가 부과되므로 거래 빈도나 수수료 체계를 잘 살펴볼 필요가 있습니다. 투자 경험이 있거나 직접 자산을 운용하고 싶은 분들에게 적합한 방식입니다.

둘째, 신탁형 ISA는 주로 은행에서 취급합니다. 이 방식은 고객이 직접 상품을 선택하고, 은행의 신탁계좌를 통해 예금, 펀드, ETF, 리츠 등 다양한 자산에 투자할 수 있습니다. 운용은 고객이 직접 결정하지만, 신탁 구조를 사용하므로 신탁보수가 부과됩니다. 스스로 자산을 조합해 보고 싶은 분들께 유리한 구조입니다.

셋째, 일임형 ISA는 증권사와 은행에서 판매하는 방식입니다. 이 유형은 전문가에게 운용을 맡기는 구조로, 주로 펀드나 ETF에 투자하게 됩니다. 전문가가 투자 전략을 세우고 운용을 대신해 주는 만큼, 일임 수수료가 발생합니다. 바쁜 직장인이나 투자에 익숙하지 않은 분들이 선호하는 방식입니다.

종류	중개형	신탁형	일임형
특징	채권, 주식 투자 가능	예금 투자 가능	전문가가 대신 운용
투자가능 상품	채권, 국내상장주식, 펀드, ETF,리츠, 상장형수익증권, 파생결합증권/사채, ETN, RP, **해외상장 주식 및 ETF는 제외**	펀드, ETF, 리츠, 상장형수익증권, ETN, 파생결합증권/사채, RP, **예금**	펀드, ETF 등
투자방법	고객이 직접 투자 상품을 선택		투자전문가의 일임 운용

그럼 ISA계좌의 장점은 어떤 것이 있을까요?

ISA계좌의 장점은 첫 번째, 비과세와 분리과세 혜택입니다. 만기 3년을 유지하고 발생한 수익은 200만 원까지 비과세가 됩니다. 서민형이나 농어민형 가입자는 400만 원까지 비과세가 됩니다. 그리고 비과세한도를 초과하면 9.9%로 분리과세되니까 일반적인 이자소득세 15.4%보다 유리하고 분리과세가 되기 때문에 금융소득종합과세에 포함될 가능성이 없는 것도 큰 장점이 됩니다.

두 번째는 ISA 만기자금을 연금계좌로 이체하면 세액공제 혜택이 있습니다. 연금계좌는 1년에 900만 원(연금저축 600만 원) 한도로 세액공제 혜택이 있습니다. 만약 ISA가 만기가 되어 연금계좌로 만기 자금을 연금계좌로 입금하면 추가 세액공제가 되는데요. 연금으로 이체한 금액의 10%(300만 원 한도)로 세액공제 대상으로 포함해 줍니다. ISA 만기일 또는 해지일로부터 60일 이내 이체를 하면 됩니다.

예를 들어 900만 원 한도까지 연금계좌 납입을 한 가입자가 ISA 만기 자금 3천만 원을 연금계좌로 입금을 하면 3천만 원의 10%인 300만 원을 추가로 세액공제에 포함을 하게 됩니다. 그럼 이 가입자는 기존 900만 원에 300만 원을 더한 1,200만 원이 세액공제 대상이 됩니다. 만약 그해에 연금계좌에 납입한 금액이 없다고 하면 ISA 만기자금 3천만 원 입금 시 900만 원은 기본 세액공제대상이 되고 3천만 원의 10%인 300만 원은 추가한도로 인정되어 역시 총 1,200만 원 세액공제 대상으로 인정받을 수 있습니다.

또 1,200만 원을 공제하고 남은 한도 1,800만 원은 다음 해 세액공제로도 신청할 수도 있답니다. 다만 주의해야 할 점은 ISA 만기자금을 연금계좌로 입금하고 그 해에 일부 인출을 하게 되면 세액공제 적용을 받지 못할 수 있어요. 3천만 원을 입금하여 10%인 300만 원을 추가 세액공제 대상으로 인정받았는데 1천만 원을 그해에 인출하면 2천만 원만 입금된 것으로 간주하여 10%인 200만 원만 추가 세액공제가 되니까 만약 자금이 필요하다면 다음 해에 인출해야 불이익이 없다는 것 기억하면 좋겠습니다.

세 번째는 중도인출이 가능합니다. 납부한 원금은 필요시 자유롭게 중도인출 할 수 있는 것도 ISA계좌의 장점입니다. 하지만 인출한다고 해서 납입한도가 새로 생기는 것이 아니라 다시 입금할 수는 없답니다.

예를 들어 2025년 2천만 원을 납입하고 수익이 5백만 원 발생했다면 원금인 2천만 원은 중도인출을 할 수 있습니다. 다만 2천만 원 중도 인출했다고 해서 연간 2천만 원인 납입한도가 다시 살아나는 것이 아니기 때문에 2025년에는 ISA계좌에 입금은 할 수 없습니다.

네 번째는 손익통산입니다. 손익통산은 중개형 ISA 계좌에서 보유한 상품의 수익과 손실을 합산하여 순이익에 대해서만 과세를 하는 것인데 저는 ISA의 가장 큰 장점이라고 생각합니다. 자산관리를 하다 보면 수익이 나기도 하고 때론 손실이 날 때도 있습니다. 그런데 손실이 나면 그냥 손실 확정이고 수익이 나면 수익에 대한 세금을 내야 합니다. (일부 비과세 상품 제외) 그러니 투자자 입장에서는 수익에 대한 세금까지 감안한 순수익을 달성해야 하니 어찌 보면 불리한 게임이라고 할 수 있습니다.

그래서 저는 늘 수익과 손실을 통산해서 순이익에 대해서만 세금을 내는 것이 합리적이라고 생각했습니다. 사실 부동산은 양도소득을 계산할 때 같은 해에 발생한 수익과 손실을 통산한 순수익에 양도소득을 부과하는 제도가 있어 금융회사 직원으로서 부러울 때가 있었습니다. 예시를 통해 중개형 ISA 계좌의 손익통산의 장점을 알아보겠습니다.

손익통산 예시

상품	손익	일반계좌	ISA 계좌
A 주식	+ 400만 원	0 원 (비과세)	-100만 원
B 주식	- 500만 원	0 원 (손실)	
C 펀드	- 100만 원	0 원 (손실)	-100만 원
D ETF	+ 300만 원	300만 원	300만 원
E 예금	+ 200만 원	200만 원	200만 원
총수익		500만 원	300만 원
세금		770,000 원	99,000 원

일반계좌의 경우 주식의 매매차익은 비과세이므로 A주식의 수익 400만 원을 제외한 500만 원이 수익에 15.4%의 세율을 적용한 77만 원의 세금을 납부하게 됩니다.

ISA계좌의 경우에는 주식의 순손익 - 100만 원(400만 원 -500만 원), 그리고 펀드의 손실 -100만 원을 다른 소득에서 차감한 300만 원이 순수익이 됩니다. 그런데 ISA계좌는 일반형의 경우 200만 원까지 비과세 혜택이 있죠. (서민형은 400만 원). 그래서 300만 원에서 200만 원을 차감합니다. 그리고 남은 100만 원은 9.9%의 세율을 적용하여 9만 9천 원 세금을 납부하면 됩니다. 이렇게 되면 일반계좌 대비 671,000원의 절세효과가 있는 셈입니다.

만약 일반계좌의 수익이 2천만 원을 넘는다고 한다면 ISA계좌의 절세효과는 더 커지게 됩니다. 금융소득이 2천만 원을 초과하면 다른 소득과 합산하는 종합소득세 대상이 되는데 ISA계좌는 분리과세로 종결되기 때문에 종합소득세 부담이 없기 때문입니다. ISA계좌의 손익통산에 대해 조금 더 자세히 설명드리자면 주식의 수익합이 (+)가 되면 주식의 매매차익은 비과세이므로 손익에 통산하지 않습니다. 그러나 (-)가 되게 되면 위 예시처럼 손익통산에 반영하여 차감하게 됩니다.

다시 말해 수익이 나면 비과세이고 손실이 나면 수익에서 빼 주게 되어 가입자입장에서는 매우 매력적인 계산구조입니다. 그리고 국내주식형 펀드나 국내 주식지수를 추종하는 ETF는 수익, 손실 모두 손익통산에 반영하지 않습니다. 다만 배당수익은 수익에 반영한다는 점은 참고하셔야 합니다.

ISA계좌는 이처럼 장점이 아주 많은데 정부에서는 ISA 가입대상 확대,

납입한도 및 비과세 한도 상향을 추진하고 있어 더 매력적인 금융상품이 될 가능성이 높습니다. 여러분, 만능상품 ISA 이 상품은 놓치면 후회하실 겁니다.

8.
연금 3총사, 최적의 배분 전략

연금저축, ISA, IRP가 좋은 상품이라는 건 이제 충분히 알겠죠. 그렇다면 실제로 어디에, 얼마를 투자해야 하는지가 궁금해질 겁니다. 현재 기준으로 연금저축과 IRP, ISA를 합쳐 연간 최대 3,800만 원까지 납입할 수 있습니다. 이 한도를 기준으로 어떻게 투자하면 좋을지 두 가지 방향으로 나눠서 설명해 드릴게요.

■ 시나리오 1: 세액공제 혜택을 최대화하고 싶다면

① IRP + 연금저축: 총 900만 원 납입
- 세액공제 한도를 최대한 활용하려면 IRP와 연금저축에 총 900만 원을 납입해야 합니다.
- IRP는 900만 원, 연금저축은 600만 원까지 세액공제 대상이 되지만, 합산 기준은 900만 원이므로 연금저축에 600만 원, IRP에 300만 원을 납입합니다.

② ISA: 연 1,000만 원 납입 (3년간 3,000만 원 납입)

- ISA의 추가 세액공제 혜택(납입액의 10%, 최대 300만 원)을 받기 위해선 총 3,000만 원을 넣어야 합니다.
- 최소 유지기간이 3년이므로, 1년에 1,000만 원씩 납입하면 됩니다.

③ 추가 자금: 연금저축 900만 원 + ISA 1,000만 원
- 연간 세액공제 한도를 초과한 연금저축 900만 원은 과세이연·손익통산 혜택을 받을 수 있고, 필요시 중도인출도 가능합니다.
- ISA의 연간 납입 한도는 2,000만 원이므로 남은 한도인 1,000만 원을 채워 줍니다.

납입순서	상품	연 납입액	세액공제
1	연금저축	600만 원	900만 원
2	IRP	300만 원	
3	ISA	1,000만 원	300만 원 (3년 만기 시 3천만원 x 10%)
4	연금저축	900만 원	대상 아님 (추가납입한도, 중도인출 가능)
5	ISA	1,000만 원	대상 아님 (연간 납입 한도, 원금 중도인출 가능)
합계		3,800만 원	1,200만 원

■ **시나리오 2: 언제든지 돈을 꺼낼 수 있는 '환금성'이 더 중요하다면**

① ISA에 연간 한도 2,000만 원 납입
- ISA는 3년 만기이며, 원금은 언제든 인출할 수 있어 유동성이 높습니다.
- 환금성을 중요시한다면 ISA를 우선적으로 활용하는 것이 좋습니다.

② 연금저축에 1,800만 원 납입
- 이 중 세액공제 한도인 600만 원까지는 공제를 받고, 나머지 1,200만 원은 필요할 때 중도인출이 가능합니다.
- 연금저축계좌는 한 금융회사에서 계좌를 여러 개 개설할 수 있으므로, 인출 계획이나 용도에 따라 분리해서 관리하면 더 효율적입니다.

납입순서	상품	연 납입액	비고
1	ISA	2,000만 원	연간 투자 한도, 원금 중도인출 가능
2	연금저축	600만 원	세액공제 한도, 요건 충족 시 중도인출 가능
3	연금저축	1,200만 원	추가납입 한도, 중도 인출 가능
합계		3,800만 원	

정리하자면, 세액공제 극대화를 원하면 연금계좌에 먼저, 자금 유동성이 우선이라면 ISA에 먼저 납입하는 것이 좋습니다.

여기에 내 투자성향과 노후자금 계획까지 고려해서 조합을 설계하면, 3,800만 원이라는 한도 내에서도 충분히 효과적인 연금 자산 구성이 가능해집니다.

9.
ETF, 연금계좌에서 꼭 알아야 할 투자 가이드

ETF(상장지수펀드) 시장은 해마다 가파른 성장을 이어 가고 있습니다. 1993년, 미국 S&P 500 지수를 추종하는 최초의 ETF가 출시된 이후 2023년 말 기준으로 전 세계 ETF 자산 총액은 약 11.5조 달러에 달했습니다. 국내에서도 2003년 말에는 7,000억 원 규모에 불과했던 ETF 자산이 2023년 말에는 121조 원으로 증가하며, 20년 만에 무려 170배 이상 성장했습니다.

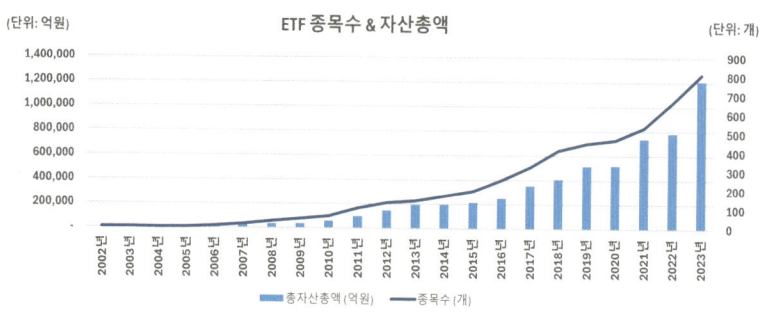

(출처 : 국가통계포털 통계자료 활용 차트 작성)

ETF가 이처럼 빠르게 성장한 이유는 여러 가지 장점 덕분입니다. 우선 ETF는 특정 지수를 추종하는 인덱스펀드의 특성을 갖고 있으면서도, 거래소에 상장되어 주식처럼 실시간으로 사고팔 수 있는 상품입니다. 투자자가 원하는 시점에 직접 매매할 수 있어 투자 전략을 유연하게 운용할 수 있다는 점이 큰 강점입니다.

또한 ETF는 상대적으로 소액으로도 분산 투자가 가능하다는 점에서 개인 투자자에게 유리합니다. 다양한 주식, 채권, 원자재 등 여러 자산군에 동시에 투자할 수 있어 리스크를 분산하고 포트폴리오를 효율적으로 구성할 수 있기 때문입니다. 예를 들어 S&P 500 ETF에 투자하면 미국의 대표 500개 기업에 자동으로 분산 투자하는 효과를 얻을 수 있습니다.

수수료 측면에서도 ETF는 일반 펀드에 비해 유리합니다. 대부분의 ETF는 연간 총보수가 0.5% 이내로 낮은 편이며, 일부 펀드에서 발생하는 환매 수수료도 없어 투자 비용을 절감할 수 있습니다. 운용 내역의 투명성도 ETF의 장점입니다. 일반 펀드는 분기마다 운용보고서를 통해 보유 종목과 비중을 공시하는 반면, ETF는 'PDF(Portfolio Deposit File)' 제도를 통해 매일 구성 종목과 비중을 확인할 수 있어 투자자 입장에서 매우 투명합니다. ETF 구성 내역은 자산운용사 홈페이지나 포털 금융서비스 등에서 손쉽게 조회할 수 있습니다.

이러한 장점을 지닌 ETF는 퇴직연금(IRP)이나 연금저축 계좌에서도 충분히 활용해 볼 만한 투자 수단입니다. 다만 연금계좌는 노후 준비를 위한 제도이기 때문에 투자 가능한 ETF에 제한이 있습니다. 예를 들어 레버리지 ETF나 인버스 ETF처럼 위험 수준이 높은 상품에는 투자할 수 없습니다. 또 퇴직연금에서는 주식 관련 자산의 비중이 40%를 넘는 ETF의 경우, 전체 적립금의 70% 이내에서만 투자할 수 있도록 규제하고 있습니다. 해외에 상장된 ETF는 투자 대상에서 제외되므로, 해외 지수를 추종하고 싶다면 국내에 상장된 해외 ETF를 활용해야 합니다.

연금계좌에서 ETF를 운용할 때는 적립식 투자를 고려해 볼 수 있습니다. 자신의 투자 성향에 맞는 ETF를 선정한 후, 매달 일정 금액을 꾸준히 납입하는 방식입니다. IRP와 연금저축 계좌 모두 연간 최대 900만 원까지 세액공제 혜택이 주어지므로, 공제 한도 내에서 정기적으로 투자하면 분산투자 효과는 물론 세제 혜택을 통해 실질 수익률을 높일 수 있습니다.

ETF 투자 종목 선택에 있어서는 일반 계좌와 연금계좌의 과세 구조를 고려한 전략이 필요합니다.

예를 들어 연금계좌에서는 국내 주식형 ETF보다는 해외 주식형이나 채권형 ETF를 활용하는 것이 더 유리합니다. 해외 주식형이나 채권형 ETF는 일반계좌에서 운용하면 이자소득세나 배당소득세가 부과되지만, 연금계좌에서는 과세가 이연되고 연금 수령 시에는 낮은 세율의 연금소득세(3.3~5.5%)만 부담하면 되기 때문에 세제 측면에서 유리한 구조가 됩니다.

반면 국내 주식형 ETF는 상황이 다릅니다. 국내 주식형 ETF의 매매차익은 일반계좌에서 투자해도 원칙적으로 비과세이기 때문에, 굳이 연금계좌에 편입해 세금을 낼 이유가 없습니다. 연금계좌에서 운용할 경우, 수익에 대해 당장은 과세되지 않더라도 연금 수령 시 연금소득세를 납부해야 하므로 오히려 세금 측면에서 손해일 수 있습니다.

즉, 연금계좌의 가장 큰 장점인 과세이연과 저율 과세 혜택은 기본적으로 과세 대상 자산에 적용되는 것이며, 애초에 비과세인 국내 주식형 ETF에는 해당 장점이 제대로 작동하지 않습니다. 따라서 국내 주식형 ETF는 일반계좌로 운용하고, 연금계좌에서는 해외 주식형이나 채권형 ETF 등 과세 혜택을 최대한 활용할 수 있는 자산군 중심으로 구성하는 것이 더 효과적인 전략입니다.

구분		국내주식형 ETF	해외주식형 및 기타 ETF
일반계좌	매매 차익	비과세	배당소득세(15.4%)
	분배금	배당소득세(15.4%)	
연금계좌	매매 차익	과세이연(연금소득세)	과세이연(연금소득세)
	분배금		

그렇다면 ETF를 선택할 때 어떤 기준을 고려해야 할까요?

가장 먼저 살펴야 할 것은 바로 수익률입니다. ETF는 기본적으로 자산의 가격 상승을 통해 수익을 얻는 상품이기 때문에, 투자자가 추구하는 수익률과 상품의 성격이 잘 맞는지를 따져 봐야 합니다. 수익률은 ETF가 추종하는 기초지수의 성격에 따라 결정되므로, 해당 지수가 어떤 자산군에 투자하고 있는지, 어느 국가나 산업 섹터에 집중되어 있는지를 꼼꼼히 분석하는 것이 필요합니다. 또한, 지수를 구성하는 종목 중 비중이 높은 주요 종목이 어떤 기업들인지도 함께 확인하면 ETF의 리스크와 기대수익률을 보다 정확히 예측할 수 있습니다.

두 번째로 중요한 기준은 비용, 즉 운용 보수입니다. ETF는 일반 펀드에 비해 수수료가 저렴하다는 장점이 있지만, 상품별로 운용 보수에는 분명한 차이가 있습니다. 특히 연금계좌처럼 장기 투자가 전제된 경우에는

0.1%의 수수료 차이도 장기적으로 누적되면 큰 수익률 격차를 만들 수 있습니다. 따라서 ETF를 고를 때는 단순히 수익률만 보지 말고, 운용 보수가 낮은 상품인지도 반드시 함께 확인해야 합니다.

세 번째는 추적 오차와 괴리율입니다. ETF가 추종하는 지수를 얼마나 정확하게 따라가는지를 보여 주는 지표로, 추적 오차가 적고 괴리율이 낮을수록 좋은 ETF라고 할 수 있습니다. 이를 이해하려면 먼저 NAV(순자산가치)의 개념을 알아야 합니다. NAV는 ETF가 보유한 자산에서 운용보수 등의 비용을 제외한 순자산 총액을 ETF 발행좌수로 나눈 값으로, ETF 1좌당의 적정 가치라 할 수 있습니다.

예를 들어 어떤 ETF의 총자산이 1,000만 원이고 운용보수가 1만 원이며, 발행된 증권 수가 100좌라면, NAV는 (1,000만 원 - 1만 원) ÷ 100좌 = 99,900원이 됩니다. 여기서 괴리율이란 ETF가 실제 시장에서 거래되는 가격과 이 NAV 간의 차이를 비율로 나타낸 것입니다. 예를 들어, NAV가 99,900원이고 실제 거래되는 ETF의 가격이 99,700원이라면 괴리율은 -0.2%가 됩니다. 이처럼 음수인 괴리율은 ETF가 현재 시장에서 NAV보다 낮은 가격에 거래되고 있다는 뜻이고, 반대로 괴리율이 양수일 경우에는 고평가된 상태라 볼 수 있습니다. 괴리율이 지나치게 크면 ETF의 매매 효율성이 떨어질 수 있으므로, 매수·매도 시점에서 이 수치를 함께 확인하는 것이 바람직합니다.

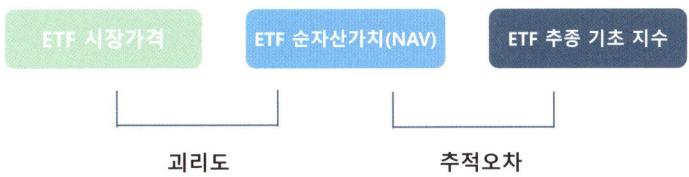

투자자입장에서는 추종하는 지수를 잘 반영하는 ETF가 좋은 ETF이겠지요. 따라서 추적오차와 괴리율이 지나치게 높은 ETF는 피하는 것이 좋습니다.

마지막으로 ETF를 선택할 때는 순자산 총액이 50억 원 이상인 상품을 고르는 것이 바람직합니다. ETF 역시 주식처럼 거래소에 상장된 금융상품이기 때문에 일정 요건을 충족하지 못하면 상장폐지 대상이 될 수 있습니다. 현행 제도상, 순자산 규모가 50억 원 미만으로 줄어들면 관리종목으로 지정되며, 지정된 이후 다음 반기까지도 50억 원 이상을 회복하지 못할 경우 상장폐지 요건에 해당됩니다.

따라서 투자자는 거래의 유동성과 지속 가능성을 고려해 충분한 자산 규모를 유지하는 ETF를 선택하는 것이 좋습니다.

ETF를 선택할 때 고려해야 할 내용들은 자산운용사 홈페이지나 주요 포털 사이트에서 쉽게 확인할 수 있습니다.

PART 6.

주택연금·농지연금, 집과 땅이 연금이 되는 마법

1.
집은 지키고 노후는 지탱한다

 몇 년 전, 노인 빈곤을 다룬 다큐멘터리 방송에서 인상적인 장면을 본 적이 있습니다. 매일 폐지를 주워 어렵게 생활하는 80대 노부부의 모습을 담은 장면인데요. 이 노부부는 폐지를 모아 하루 7,200원을 벌고 있었습니다. 생활비로도 턱없이 부족한 소득이라 수술을 해야 하는 무릎 치료는 엄두도 내지 못한다며 눈물을 흘리는 할머니의 모습이 안타까웠습니다. 노부부는 8평 남짓 되는 빌라를 소유하고 있는데 이로 인해 기초생활수급자 혜택도 받지 못하고 있습니다. 그런데 할머니는 이 빌라를 집이 없는 손주에게 물려주어야 해서 팔 생각이 없다고 합니다.
 아픈 몸을 이끌고 하루종일 폐지를 모아도 끼니를 해결하기 어려운 형편에 자식을 생각하는 할머니의 마음이 인상적이었습니다. 하지만 한편으로는 정작 본인은 힘든 노후를 보내면서 자식을 위해 주택을 물려주는 것이 맞는 것인지 또 이렇게 주택을 물려받은 손자는 과연 마음이 편하고 행복할까라는 의문이 들었습니다.
 우리나라 부모님들의 자식 사랑은 참 특별합니다. 문제는 이 자식 사랑이 때로는 본인의 노후를 빈곤하게 만드는 주요 원인이 되기도 한다는 점입니다. 자녀 교육비와 결혼자금 등으로 생활비와 은퇴자금의 많은 비중을 사용하고도 마지막 남은 집은 자식에게 물려주어야 한다는 생각을 하는 부모님들이 많이 계십니다. 하지만 주택을 소유하고 있으면서 생활비가 부족해 어려움을 겪고 있는 노인들은 주택연금을 활용해 보는 것이 필요합니다.

다큐멘터리의 주인공 할머니도 주택연금을 진지하게 고민하는 것이 좋다는 생각입니다. 안정적인 노후준비에 대한 인식과 "집은 자식에게 물려줘야 한다"는 생각이 바뀌면서 주택연금을 이용하는 분들이 늘고 있습니다. 2007년 제도 도입 이래 가입자수가 꾸준하게 증가하고 있고 특히 2023년 신청건수는 14,885건으로 연간 최고치를 경신하였습니다.

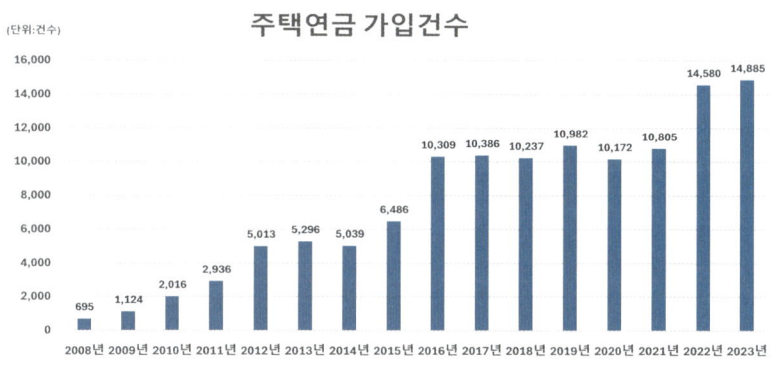

(출처 : 국가통계포털 통계자료 활용 차트 작성)

자식에게 집을 남기는 것도 중요하지만, 본인이 건강하고 존엄한 노후를 보내는 것도 그 못지않게 중요합니다.

주택연금은 집을 팔지 않고 거주하면서도 매달 일정 금액의 생활비를 받을 수 있도록 국가가 보증하는 제도입니다. 다큐멘터리의 80대 노부부와 같이 은퇴준비를 못했거나 노후자금이 일부 부족한 노인들에게는 잘 활용하면 노후를 안정적으로 보낼 수 있는 비장의 카드가 될 수 있습니다.

2.
나이와 집값에 따라 달라지는 월지급액

내 집에서 살면서 평생 연금을 받을 수 있다면, 얼마나 든든할까요? 국가가 지급을 보증하는 주택연금은 그런 든든함을 현실로 만들어 주는 제도입니다. 그렇다면, 주택연금에 가입하려면 어떤 조건이 필요할까요? 사실 그리 까다롭지는 않습니다.

먼저 만 55세 이상의 대한민국 국민이어야 합니다. 그리고 본인이 거주 중인 주택의 공시가격이 12억 원 이하라면 가능합니다. 부부 공동명의일 경우에는 두 사람 중 한 명만 만 55세 이상이면 되고, 부부가 보유한 주택가격을 합산해 12억 원 이하인지를 기준으로 판단합니다. 단, 대상 주택에 가압류나 저당권이 없어야 하며, 기존에 설정된 저당권이 있는 경우에도 주택연금으로 대출을 상환하는 조건이라면 가입이 가능합니다.

구분	주택 연금 가입 요건
가입 연령	만 55세 이상인 대한민국 국민 부부의 경우 1인이라도 만 55세 이상
주택 가격	부부합산 기준 공시가격 등이 12억 원 이하 주택 소유자

보유 주택수	부부합산 기준 12억 원 이하 1주택 소유자 다주택자 주택공시 가격 합산 12억 원 이하 2주택(주택가격 합산 12억 원 초과)자는 3년 이내 비거주 1주택 처분하면 가능
가입 주택	주택법상 주택, 노인복지주택, 주거목적 오피스텔
거주 여부	실제 거주 (예외적인 경우 제외)
권리 침해 등	가압류, 저당권 등이 없는 주택
담보 제공 방식	근저당권 설정, 신탁 방식

다음으로, 주택연금으로 과연 얼마나 받을 수 있을까? 하는 부분을 살펴보겠습니다.

주택연금의 월 지급액은 크게 두 가지 요소, 바로 가입자의 나이와 주택가격에 따라 달라집니다. 여기서 나이는 본인과 배우자 중 더 어린 사람의 기준 나이가 적용됩니다. 또 한 가지 중요한 점은, 월 지급액 산정 시에는 시세와 감정가액이 반영된다는 사실입니다.

즉, 가입 조건을 판단할 때는 공시가격 기준으로 12억 원 이하인지 따지지만, 정작 연금액을 계산할 때는 담보 주택의 실제 시세나 감정가격을 기준으로 한다는 점을 기억해 두세요. 다만, 시세가 12억 원을 초과하더라도 최대 산정 기준은 12억 원으로 제한됩니다. 그리고 가입 나이가 많을수록, 또 주택가격이 높을수록, 받을 수 있는 월지급금도 많아지는 구조입니다. 참고로, 한국주택금융공사 홈페이지에 접속하면 아래 예시처럼 간단하게 예상 연금 수령액을 조회해 볼 수 있습니다.

예상연금조회

※ 부부 중 연소자 연령 기준으로 월지급금 산정

✓ 표시가 있는 항목은 필수로 입력하셔야 합니다.

주택소유자 생년월일 ✓	년도 ▼ 월 ▼ 일 ▼ □세
배우자 생년월일 ✓	● 예 아니오 년도 ▼ 월 ▼ 일 ▼ □세
주택구분 ✓	● 일반주택 노인복지주택 주거목적 오피스텔
최저층여부	예 아니오

주택가격 ✓	시세검색 □ 원
	※ 주택가격은 다음을 순차적으로 적용합니다.
	① 한국부동산원의 인터넷 시세
	② 국민은행의 인터넷 시세
	③ 공시가격(공시가격이 없는 경우 시가표준액)
	④ 공사와 협약을 체결한 감정평가업자의 최근 6개월 이내 감정평가액
	   * ① 또는 ②의 경우 아파트 등의 최저층은 하한평균가를 적용, 기타 층은 중간 값(한국부동산원 인터넷시세의 상한평균가와 하한평균가의 산술평균) 또는 일반평균가(국민은행)를 적용
	   * 다만, 신청인이 요구하는 경우에는 감정평가액을 최우선적으로 적용할 수 있습니다. (단, 감정평가비용은 신청인이 부담함)
	   * 시세가 12억원을 초과하는 경우 월지급금은 12억원을 기준으로 산정합니다.

기초연금수급권자	예 아니오 1가구 1주택자 예 아니오
지급방식 ✓ ❓	● 종신지급방식 종신혼합방식 확정기간혼합방식 대출상환방식 대출상환우대방식 우대지급방식 우대혼합방식 * 확정기간혼합방식은 부부 중 연소자가 55~74세인 경우에 선택가능
최대인출한도 설정가능비율	● 50% 70%(정비사업 분담금 납부용도)
월지급금 지급기간	선택 ▼ 인출한도설정 금액 0 원

(출처: 주택금융공사 홈페이지. 주택연금 예상연금조회)

    주택금융공사에서는 어떤 기준으로 가입자의 월지급금을 결정할까요? 주택연금은 가입자가 평생 연금을 지급받고 사망 후에는 배우자까지 지급이 보장됩니다.

그리고 배우자까지 사망하면 그때의 주택가격으로 연금과 그동안의 이자 그리고 보증료를 주택금융공사가 회수하여야 합니다. 그래서 연금 지급액은 가입자의 나이를 감안한 생존 확률, 향후 주택 가격, 그리고 이자율 변동을 감안하여 월 지급금을 산정하고 이렇게 정해진 금액은 평생 고정되는 겁니다. 그리고 산정된 월지급금은 총대출한도 6억 원을 넘을 수 없습니다.

총대출한도란 가입자가 100세까지 받게 될 월지급금을 현재가치로 환산한 값과 초기 보증료를 합한 금액입니다. 즉 대출한도의 6억 원 한도 내에서 주택가격을 반영하여 지급방식이나 월지급유형에 따라 월지급금액이 정해지는 것입니다. 참고로 현재(2025년 3월 기준) 가입자의 나이와 주택가격에 따른 정액형 연금액은 아래와 같습니다.

(종신지급방식, 정액형) (단위 :천원)

	1억 원	3억 원	5억 원	7억 원	9억 원	10억 원	11억 원	12억 원
55세	147	443	739	1,035	1,331	1,479	1,627	1,774
60세	200	600	1,001	1,402	1,802	2,003	2,203	2,403
65세	242	727	1,212	1,698	2,183	2,425	2,668	2,911
70세	297	892	1,487	2,082	2,677	2,975	3,272	3,275
75세	371	1,113	1,855	2,598	3,340	3,535	3,535	3,535
80세	474	1,424	2,374	3,324	3,936	3,936	3,936	3,936

(출처: 주택금융공사 홈페이지. 주택연금 예상연금조회)

부부 중 연소자의 나이를 기준으로 산정된 월지급금의 예시입니다.

예를 들어, 연소자가 70세이고 주택가격이 3억 원이라면 정액형으로 월 89만 2천 원을 받을 수 있습니다. 같은 주택 가격이라도 가입 나이가 많을수록 월지급금이 크게 늘어나는 것을 표에서 확인할 수 있습니다.

그리고 이 금액은 평생 고정되는 것을 감안하면, 은퇴 후에도 다른 소득이 일부 있다면 너무 서두르기보다 소득이 줄어들거나 없어지는 시점에 가입하는 것이 더 효율적인 방법이 될 수 있습니다. 다만 주택연금은 총대출한도 6억 원이 설정되어 있어, 일정 금액 이상으로는 월지급금이 오르지 않습니다.

예를 들어, 75세의 경우 주택가격이 10억 원 이상이면 월 353만 5천 원이 상한이고, 80세의 경우 주택가격이 9억 원 이상이면 월 393만 6천 원이 상한입니다. 이 한도 때문에 고가 주택 보유자라도 더 많은 월지급금을 받기는 어렵습니다.

또한 현재 가입조건인 공시가격 기준을 12억 원 이하로 제한하고 있지만, 실제 월지급금 산정에는 시세를 반영한 12억 원까지 적용됩니다. 이 가입조건인 공시가격 기준을 완화한다면 더 많은 고령층이 주택연금을 활용할 수 있을 것입니다.

물론 2023년에 제도가 한 차례 개선되면서 총대출한도가 5억 원에서 6억 원으로, 가입주택의 조건이 공시가격 9억 원에서 12억 원으로 상향되긴 했습니다. 하지만 여전히 고령층의 생활 안정을 위해서는 추가적인 완화가 필요하다는 의견이 많습니다.

참고로 주택가격이 낮으면 연금을 더 받을 수 있는 제도가 있습니다. 앞서 예로 든 80대 노부부의 주택가격이 2억 5천만 원 미만이라면 특히 유리합니다. 이 경우 적용되는 것이 우대형 주택연금입니다.

우대형 주택연금의 요건은 부부 기준 1주택 소유, 부부 중 1명이 기초연금 수급권자, 주택가격 2억 5천만 원 미만, 정액형 지급 방식 한정입니다

위 조건을 충족하면 일반 주택연금보다 월지급금을 최대 약 20% 더 받

을 수 있습니다. 따라서 주택가격이 낮은 고령층은 이 제도를 활용해 생활비를 더욱 안정적으로 확보할 수 있습니다. 이렇게 산정된 월지급금에는 대출 이자를 지급해야 하는데 두 가지의 대출금리를 가입자가 선택할 수 있습니다.

2025년 8월 6일 기준

구분	기준금리	가산금리	변동주기	적용금리
COFIX(신규취급액)	2.54%	0.85%	6개월	3.39%
CD(91일)	2.44%	1.10%	3개월	3.54%

2025년 8월 6일 기준으로 COFIX(신규취급액) 금리는 2.54%, CD(91일) 금리는 2.44%이니 지급해야 하는 대출금리는 COFIX(신규취급액)을 선택하면 3.39%, CD(91일)을 선택하면 3.54%가 되어 COFIX(신규취급액)이 조금 더 유리합니다.

하지만 금리뿐만 아니라 변동주기도 참고를 해야 하는데 일반적으로 기준금리 인상이 예상되면 변동주기가 긴 것을, 반대로 기준금리 인하가 예상되면 짧은 것을 선택하는 것이 좋습니다.

3.
배우자를 지켜 주는 신탁방식 주택연금

안정적인 노후 준비 수단인 주택연금은 가입자 수가 꾸준히 늘고 있지만, 중도해지 건수도 2021년까지는 해마다 증가해 왔습니다. 다만 2021년을 정점으로 감소해, 이후에는 이전보다 줄어든 상태가 지속되고 있습니다.

중도해지를 하면 초기 보증료(1.5%)를 비롯한 각종 부대비용을 돌려받지 못하고, 그동안 지급받은 원금과 이자, 연 보증료까지 한꺼번에 상환해야 하는 불이익이 있습니다. 또한 해지하면 원칙적으로 같은 주택을 담보로는 3년 동안 재가입도 불가능합니다. 그럼에도 불구하고 해지가 지속적으로 발생하는 이유는 다양합니다.

특히 가입자인 주택 소유자가 사망했을 때 상속 문제로 인한 해지가 적지 않았습니다. 원래 주택연금은 가입자 사망 후에도 배우자가 평생 연금을 받을 수 있는 제도입니다. 그러나 기존 근저당권 설정 방식에서는 공동상속인인 자녀들의 동의가 필수였기 때문에, 일부 사례에서는 자녀들이 동의하지 않아 배우자가 연금을 이어받지 못하고 중도해지하는 경우가 있었습니다. 이러한 문제를 해결하기 위해 2021년부터 신탁방식 주택연금이 도입되었습니다.

신탁방식은 주택에 근저당권을 설정하는 대신, 한국주택금융공사와 신탁계약을 체결하는 방식입니다. 가입자가 사망하더라도 배우자에게 연금이 계속 지급되며, 배우자까지 사망한 뒤에 남은 신탁재산을 귀속권리자에게 지급합니다. 가입자는 신탁계약을 할 때 귀속권리자를 직접 개별 지정하거나, 자녀 전원을 귀속권리자로 포괄 지정할 수 있습니다. 이 방식 덕분에 배우자가 안정적으로 연금을 이어받을 수 있어 부부의 은퇴 설계에 큰 도움이 됩니다.

2021년 제도 도입 시 신탁방식의 비율[22]은 40.8%였는데, 2023년 11월 기준 43.5%로 꾸준히 증가했습니다. 같은 기간 주택연금 해지 건수도 2021년을 정점으로 감소하면서 이전보다 줄어든 추세가 지속되고 있습니다. 해지 사유에는 주택가격 변동 등 다양한 요인이 있지만, 신탁방식 도입의 효과도 일부 작용한 것으로 추정됩니다.

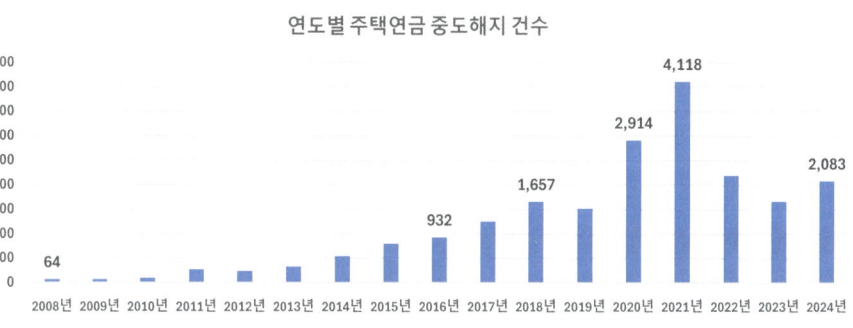

(출처 : 국가통계포털 통계자료 활용 차트 작성)

신탁방식의 또다른 장점으로는 생활 여건에 따라 임대 수익을 추가로

---

[22] 금융위원회 보도자료 2023년 12월 29일

올릴 수 있는 점도 장점입니다. 기존 근저당권 방식에서는 보증금을 받는 임대가 불가능했지만, 신탁방식은 여유 공간이 있다면 보증금을 받고 임대할 수 있어 연금 외에 추가 현금 흐름을 만들 수 있습니다.

비용 부담이 적은 것도 빼놓을 수 없습니다. 근저당권 방식은 가입 시 등록면허세와 지방교육세를 내야 하지만, 신탁방식은 등록면허세 6,000원과 지방교육세 1,200원, 총 7,200원만 내면 됩니다. 게다가 배우자가 사망했을 때도 근저당권 변경 절차가 필요 없어, 추가 비용과 번거로운 절차를 피할 수 있습니다.

하지만 주의할 점도 있습니다. 주택이 재개발이나 재건축 사업에 들어가면 신탁방식 주택연금을 그대로 유지할 수 없고, 저당권 방식으로 전환해야 합니다. 그리고 본인과 배우자가 모두 사망해 귀속권리자가 주택을 승계할 때는 취득세 부담이 달라집니다. 상속의 경우 취득세율은 2.8%, 무주택자가 상속받아 1세대 1주택이 되는 경우 0.8%지만, 신탁방식에서는 지자체 판단에 따라 3.5% 또는 4%의 취득세가 적용될 수 있습니다. 주택 보유 수나 조정대상지역 여부에 따라 중과세가 붙을 가능성도 있습니다, 만약 자녀들이 주택을 취득할 생각을 가지고 있다면 사전에 세금 문제를 충분히 확인하는 것이 필요합니다.

국민연금의 유족연금처럼, 주택연금도 신탁방식을 활용하면 사망 후 남은 배우자의 든든한 버팀목이 될 수 있습니다. 다만 가입 방식에 따른 장점과 함께 단점과 제약 사항을 충분히 고려한 후 결정하는 것이 필요합니다.

4.
주택연금. 든든함과 아쉬움, 장단점 완전 정리

앞서 주택연금이 은퇴 생활의 비장의 카드라고 말씀드렸습니다. 은퇴자금이 넉넉지 않은 은퇴자들에게 이 제도는 그야말로 든든한 버팀목이 됩니다. 실제로 1997년 노벨경제학상을 받은 미국 MIT 대학교의 로버트 머튼(Robert Merton) 교수도 "한국의 주택연금은 은퇴자들의 축복"이라고 극찬한 바 있습니다.

물론 아무리 훌륭한 제도라 해도 장점만 있는 것은 아닙니다. 제도를 제대로 이해하고 활용하기 위해서는 장점과 단점을 함께 살펴보는 것이 필요합니다. 이제 주택연금의 장점과 단점을 차례로 살펴보겠습니다.

우선 장점부터 살펴보겠습니다.

첫 번째는 평생 주거가 보장된다는 점입니다. 가입자는 자신의 집에 거주하면서 연금을 받을 수 있기 때문에 주거 안정은 물론, 부족한 은퇴 자금을 채울 수 있다는 점이 주택연금의 가장 큰 매력입니다.

다만, 부부 모두 주민등록을 이전한 경우 또는 1년 이상 계속해서 담보주택에 거주하지 않는 경우에는 주택연금 지급이 정지될 수 있습니다.

예외적으로 질병 치료를 위해 병원이나 요양시설에 장기 입원하는 경우, 자녀의 봉양으로 다른 주택에 거주하는 경우, 또는 노인주거복지시설로 이주하는 경우에는 주택금융공사의 승인을 받아 계속 연금을 받을 수 있습니다. 또한 이렇게 거주지를 옮기게 되면 기존 주택에 세입자를 들여 추가 임대소득을 얻는 것도 가능합니다.

두 번째 장점은 주택 가격의 변동과 상관없이 연금이 평생 고정된다는 점입니다. 주택연금은 가입 시 확정된 월지급금이 이후 주택 가격이 하락하더라도 줄어들지 않습니다. 매년 주택연금의 월지급금을 조정하는 규정이 있기는 하지만, 이는 기존 가입자가 아니라 신규 신청자에게만 적용됩니다.

즉, 주택연금의 주요 변수(주택연금 상승률, 이자율, 기대여명 변화 등)에 따라 매년 신규 가입자의 월지급금이 조정되지만, 한 번 정해진 기존 가입자의 월지급금은 평생 변하지 않는다는 뜻입니다.

다만, 더 고가의 주택으로 이사할 경우에는 새로운 주택 가격이 반영된 월지급금이 적용되며, 이때는 1.5%의 초기 보증료를 다시 납부해야 하는 부담이 있습니다. 이처럼 월지급금이 평생 고정된다는 점은 안정성을 주는 장점이지만, 동시에 단점이 될 수도 있습니다. 그 이유는 단점을 설명하는 부분에서 이어서 다루겠습니다.

세 번째 장점은 세금 혜택입니다. 주택연금에 가입하면 재산세를 25% 감면받을 수 있습니다. 주택연금 대상 주택의 시가표준액이 5억 원 이하라면 재산세 전액의 25%를 감면받고, 5억 원을 초과하는 경우에는 5억 원에 해당하는 재산세의 25%를 감면받습니다.

또한 주택연금으로 인해 발생하는 대출이자에 대해서도 연간 200만 원 한도로 소득공제를 받을 수 있습니다.

네 번째 장점은 합리적인 상속이 가능하다는 점입니다. 부부가 모두 사망했을 때 주택 처분 금액이 그동안 받은 연금 총액보다 적더라도, 부족분을 상속인에게 청구하지 않습니다. 반대로 주택 처분 금액이 더 많을 경우에는 남은 금액이 상속인에게 돌아가므로 상속인의 부담 없이 상속이 이뤄집니다.

또한 주택연금은 기초연금 수급 대상자를 선정할 때 소득에 포함되지 않을 뿐만 아니라, 부채로 인정되어 재산의 소득환산액에서 차감됩니다. 이런 장점 덕분에 기초연금 수급 대상자 선정과 연금액 산정에서 유리하게 작용합니다. 아울러 주택연금 가입자가 사망할 경우 상속세를 계산할 때도 해당 부채는 상속재산가액에서 차감됩니다.

그러면 단점은 어떤 것이 있을까요?

첫 번째 단점은 주택 가격의 변동과 상관없이 연금이 평생 고정된다는 점입니다. 이는 앞서 살펴본 두 번째 장점과 같은 특징이지만, 상황에 따라 단점이 될 수 있습니다. 주택 가격이 하락해도 최초 확정된 연금을 그대로 받을 수 있다는 점은 장점이지만, 반대로 주택 가격이 상승하더라도 연금액이 오르지 않는 것은 아쉬운 부분입니다.

또한 연금액이 고정된다는 것은 시간이 지날수록 물가 상승에 따라 실질 가치가 떨어진다는 의미이기도 합니다. 매년 물가 상승률을 반영해 연금을 인상해 주는 국민연금이나 기초연금이 얼마나 매력적인 제도인지 다시금 느낄 수 있습니다.

만약 한국주택금융공사가 주택 가격을 주기적으로 재평가해 연금액을 조정해 주는 제도를 도입하거나, 가입 시점에 가입자들에게 주택 가격 산정과 연금액 변경 여부에 대한 선택권을 준다면 주택연금이 더 활성화되고, 가입자들의 노후 생활 안정에도 큰 도움이 될 거라는 생각이 듭니다.

두 번째는 비용이 발생됩니다. 더구나 월복리로 적용이 되는 비용입니다.

주택연금은 주택을 담보로 받는 대출입니다. 다만 일시불로 받는 것이 아니라 연금처럼 받는 역모기지라고 할 수 있습니다. 아래 그림에서와 같이 가입자가 주택금융공사에 주택연금을 신청하면 주택금융공사는 은행에 보증서를 발급하고 은행은 이 보증서를 담보로 가입자에게 매월 연금을 지급하는 구조입니다.

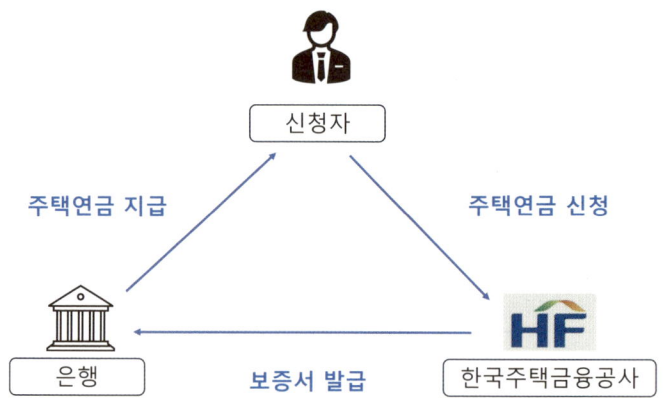

이때 가입자는 보증서 발급에 따른 보증료와 대출이자를 부담해야 합니다. 보증료는 최초 연금 수령 시 주택가격의 1.5%를 초기 보증료로 내고, 이후에는 보증잔액의 연 0.75%를 보증료로 매달 부담하게 됩니다. 여기에 매월 지급받는 연금에 대한 이자도 추가로 발생합니다. 이렇게 발생한 보증료, 연금, 그리고 이자를 모두 합쳐 '보증잔액'이라고 부릅니다. 보증잔액에는 매월 이자가 붙고, 다음 달에는 전달의 이자까지 포함한 금액에 다시 이자가 더해집니다. 물론 이를 매달 현금으로 납부하는 것은 아니지만, 이자가 복리로 계속 쌓이는 구조입니다.

세 번째 단점은 재개발이나 재건축 등의 사유가 발생할 때 주의가 필요하다는 점입니다. 주택연금은 평생 연금을 받는 제도이기 때문에, 거주 중인 주택이 재개발이나 재건축 대상이 될 가능성도 있습니다. 가입 당시 재개발·재건축이 예정돼 있어도 관리처분계획인가 전 단계까지는 주택연금에 가입할 수 있습니다. 또한 이용 도중 재개발·재건축이 진행되더라도 계약을 그대로 유지할 수 있습니다. 재건축·재개발로 담보 주택이 철거되면, 이후 준공된 신규 주택으로 담보 주택을 변경하면 됩니다.

다만, 재건축에 참여할 경우 한국주택금융공사가 설정한 1순위 저당권을 유지해야 하므로, 이주비 대출이나 조합원 대출을 받지 못할 수도 있다는 점을 유념해야 합니다.

이처럼 주택연금은 안정적인 노후를 위한 강력한 수단이지만, 장점 못지않게 고려할 점도 존재합니다. 장단점을 충분히 이해하고 활용한다면, 보다 효율적인 은퇴 후 연금 계획을 세우는 데 도움이 될 것입니다.

5.
농지연금, 내 땅이 평생 월급이 된다

얼마 전, 친한 후배의 고민을 들었습니다. 시골에서 농사를 짓고 계신 홀어머니께서 갑작스럽게 쓰러지셨는데, 다행히 신속히 병원 치료를 받아 큰 고비는 넘기셨다고 합니다. 그러나 장기 요양이 필요하다는 진단이 나와, 퇴원 후 요양병원에 모셔야 하는 상황이었습니다. 어머니의 건강도 염려되지만, 앞으로 매달 지속적으로 나갈 병원비를 생각하니 후배의 걱정이 커질 수밖에 없었습니다.

저는 후배에게 모친 소유의 농지를 활용해 농지연금을 신청해 보라고 조언했습니다. 대부분의 직장인들이 그렇듯, 정해진 생활비에서 추가적인 고정지출이 생기면 부담이 커지기 마련입니다. 게다가 시골 농지는 도시 아파트처럼 매매가 쉽지 않아, 당장 현금화하기도 어렵습니다. 이런 상황에서 안정적인 현금 흐름을 만들어 줄 수 있는 방법이 바로 농지연금입니다. 후배는 모친과 상의한 뒤 함께 한국농어촌공사에 상담을 신청했고, 모친이 농지연금 가입을 결정했습니다. 지금은 매월 연금을 받아 요양병원비를 충당하고 있는데, 어머니는 자식들에게 부담을 주지 않아 마음이 한결 가볍고, 후배는 경제적 부담을 덜어 두 사람 모두 농지연금에 매우 만족하고 있습니다.

주택을 소유한 은퇴자가 주택연금을 활용해 은퇴 자금을 마련할 수 있듯, 위 사례처럼 농지를 가진 농민은 농지를 담보로 연금을 받을 수 있습니다.

농지연금은 2011년 도입된 제도로 농지를 담보로 한 역모기지론입니다. 만 60세 이상의 고령의 농업인이 노후생활자금을 매월 안정적인 연금 형식으로 지급받는 제도로 처음에는 만 65세 이상이 대상이었으나 2022년 2월 18일부터 만 60세 이상 농업인도 가입할 수 있도록 대상 연령이 확대되었습니다.

농지연금을 가입하기 위해서는 네 가지 조건을 갖추면 되는데요.

우선 가입연령입니다. 신청연도 말일 기준 만 60세 이상이어야 합니다. 만약 2025년도 신청하는 경우 1965년 12월 31일 이전 출생자이시면 되겠네요.

두 번째 5년 이상의 영농경력이 있어야 합니다. 이때 영농경력은 연속이지 않더라도 과거 경력을 합산하여 적용할 수 있습니다. 그리고 반드시 본인 소유의 농지에서 영농할 필요가 없으므로 농지를 임대하여 경작한 경력도 인정됩니다.

세 번째는 담보제공하는 농지가 기본요건을 갖추어야 합니다. 당연히 실제 영농에 이용되고 있고 공부상의 지목이 전(田), 답(畓), 과수원이어야 합니다. 다시 말해 농사를 짓고 있는 땅이라도 지목이 임야이거나 대지 등으로 되어 있으면 농지 연금 대상이 안 됩니다. 그리고 이 농지를 소유한 지 2년이 경과되어야 합니다. 다만 상속받은 농지는 피상속인(돌아

가신 분)의 보유기간도 포함됩니다.

 마지막으로 농지의 위치에 대한 조건이 있습니다. 농지의 위치가 신청자의 주소지와 직선거리로 30km 이내이거나 또는 신청자 주소지와 동일한 시, 군, 구이거나 인접한 시, 군, 구이면 됩니다.

 이렇게 조건을 갖추고 농지연금을 신청하면 얼마나 연금을 받을 수 있을까요? 농지연금도 주택연금과 마찬가지로 해당 홈페이지에서 확인할 수 있는데요 농지연금은 농지은행 홈페이지(www.fbo.or.kr)를 방문하시면 됩니다.

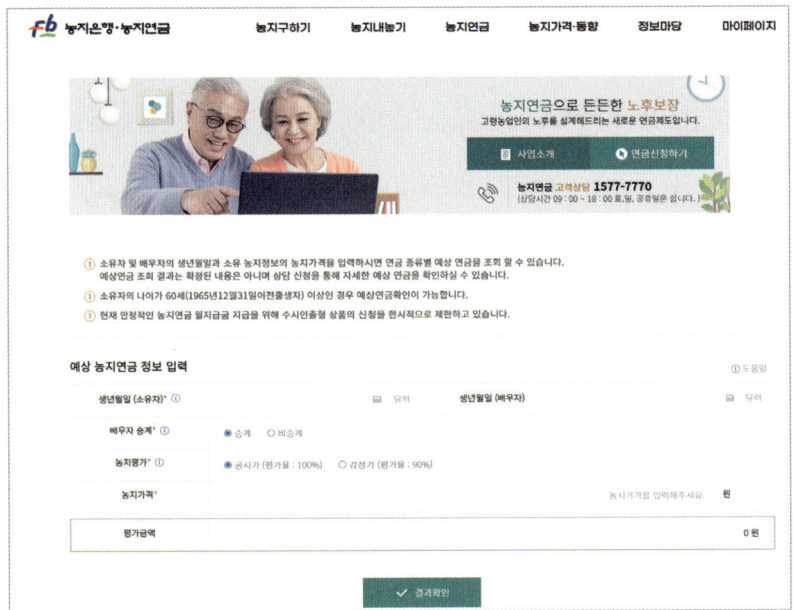

(농지연금 홈페이지. 예상연금조회)

농지연금도 주택연금과 마찬가지로 가입 연령이 높을수록, 그리고 담보로 제공한 농지의 가격이 비쌀수록 월 지급액이 많아집니다. 종신(정액)형 상품의 경우, 나이와 농지가격별 월 지급액은 아래 표와 같습니다.

(단위 : 천원)

	1억 원	2억 원	3억 원	4억 원	5억 원	6억 원
60세	314	627	941	1,245	1,568	1,881
65세	352	703	1,055	1,406	1,758	2,109
70세	399	798	1,198	1,597	1,996	2,395
75세	461	922	1,383	1,844	2,305	2,765
80세	544	1,089	1,633	2,178	2,722	3,000

이때 농지가격은 공시지가의 100% 또는 감정평가액의 90%를 적용하는데요, 연금액은 가입 연령·상품 유형·농지가격에 따라 산정되며 최대 월 300만 원 한도 내에서 결정됩니다. 2025년 8월 기준, 농지연금의 금리는 고정금리 2.5%, 변동금리 2.17%이며, 변동금리는 6개월마다 조정됩니다.

자세히 표를 보면, 주택연금과 비교했을 때 농지연금의 월 지급액이 더 많다는 것을 알 수 있습니다.

예를 들어, 농지가격 3억 원 기준 70세 가입자의 월 지급액은 119만 8천 원인데, 앞서 살펴본 주택연금은 89만 2천 원으로 30만 원 이상 차이가 납니다. 이처럼 농지연금은 가입자에게 유리하게 작용하는 요소들이 많습니다. 다음 장에서 농지연금의 장단점을 하나씩 살펴보며 자세히 설명드리겠습니다.

6.
농지연금의 장점과 단점

농지연금을 설명할 때는 주택연금이 자주 함께 언급됩니다. 두 제도 모두 부동산을 담보로 하는 역모기지 형태의 연금이기 때문입니다. 이 때문에 농지연금의 장점과 단점은 앞서 살펴본 주택연금과 유사하고, 특히 장점은 주택연금과 거의 같습니다.

다만 주택연금에 비해 농지연금은 가입 조건이 조금 더 까다로운 대신, 더 유리한 조건으로 연금을 수령할 수 있습니다.

또한 단점은 주택연금보다 상대적으로 적습니다. 이제 하나씩 살펴보며 자세히 설명드리겠습니다.

우선 장점부터 볼까요.

첫째, 부부가 평생 연금을 받을 수 있습니다. 농지연금을 신청할 당시 신청자의 배우자가 만 55세 이상이면서 신청자가 사망하면 연금을 승계하는 걸로 신청하시면 신청자가 사망해도 배우자가 평생 연금을 받을 수 있습니다.

두 번째는 연금을 받으면서 영농을 할 수 있고 임대도 가능하여 임대소득도 얻을 수 있습니다. 담보제공된 농지를 직접 농사를 짓거나 임대도 가능하기 때문입니다. 다만 농지가 농사에 이용되지 않는다면 연금이 지급정지되거나 회수될 수 있음에 주의하여야 합니다.

세 번째는 정부의 재정지원으로 연금의 안정성이 확보됩니다. 농지연금은 정부의 예산을 재원으로 하여 정부가 직접 시행하는 제도로 확정된 (종신 정액형) 연금을 고정적으로 받을 수 있습니다.

네 번째는 세금혜택이 있습니다. 농지연금에 담보된 농지는 공시지가 6억 원까지는 전액 재산세가 감면됩니다. 6억 원이 초과되는 농지는 6억 원까지 감면이 되고요. 5억 원 이하의 주택에 대해 재산세 25%를 감면해 주는 주택연금과 비교하면 혜택이 더 크다고 할 수 있습니다. 그리고 저당권 설정 비용(등록면허세, 지방교육세, 등기신청수수료)을 한국농어촌공사에서 부담을 합니다.

주택연금의 저당권 방식의 경우 등록면허세와 지방교육세를 최대 75% 감면해 주고 있어 매우 큰 장점이라고 설명드렸는데 농지연금은 전액을 지원해 주니 정말 좋은 장점이라고 할 수 있습니다.

다만 주택연금에서 연금으로 발생하는 대출이자를 연간 200만 원 한도로 소득공제해 주는 제도가 농지 연금에는 없다는 것은 조금 아쉬운 점입니다.

다섯 번째 합리적인 상속이 가능합니다. 이 또한 주택연금과 같은 장점으로 상속으로 인한 연금채무 상환 시 담보 농지를 처분하고 상환하여 남은 금액이 있으면 상속인에게 돌려주고, 부족하더라도 더 이상 청구하지 않기 때문에 상속인에게 부담이 되지 않습니다.

그리고 주택연금과 마찬가지로 기초연금 수급대상자 선정 시 연금은 소득에 포함되지 않고 부채로 인정되어 대상 선정이나 연금액 산정에 유리하게 작용합니다.

그럼 단점도 살펴보겠습니다.

첫째, 농지의 가격 변동과 상관없이 연금이 평생 고정됩니다. 이 또한 주택연금과 같은 것으로 농지 가격 하락에도 확정연금을 받는 장점이 되기도 하지만 가격 상승에 따른 연금액 증가도 없고 고정된 연금은 시간이 지날수록 실질적인 연금의 가치가 하락되는 단점이 됩니다.

두 번째는 대출비용입니다. 단점으로 소개드리지만 사실 주택연금과 비교하면 장점에 더 가깝습니다. 농지연금도 대출이자를 내지만 2025년 6월 기준 고정금리 연 2.5%, 변동금리 연 2.17%로 시중은행 대출금리에 비해 매우 낮을 뿐 아니라 주택연금 대출 금리(CD 금리 + 1.1%, COFIX 금리 + 0.85% => 2025년 8월 기준 3% 중반 금리)와도 비교되는 매력적인 금리입니다.

또한 주택연금에서 지급해야 하는 보증료(초기 주택가격의 1.5%, 매년 보증잔액의 연 0.75%)와 달리 농지연금 가입자는 위험부담금을 연 0.5%만 지급하는 것도 장점이 됩니다.

이것은 주택연금이 주택금융공사가 은행을 통해 연금을 지급하는 것과 달리 농지연금은 한국농어촌공사가 농지관리기금을 재원으로 직접 연금을 운용함으로써 가능한 일입니다. 이처럼 낮은 금리와 적은 위험부담금 덕분에, 동일한 조건이라면 주택연금보다 더 많은 연금액을 수령할 수 있습니다.

장점과 단점을 종합해 보면, 농지연금은 농업인이라면 꼭 한 번 검토해 볼 만한, 놓치기 아까운 연금 제도임을 알 수 있습니다.

7.
농지연금. 지금 농업인이 아니어도 준비할 수 있다

    농지연금의 장점을 살펴보면, 은퇴 계획 속에서 반드시 한 번쯤 검토해 봐야 할, 놓치기 아까운 연금제도라는 생각이 듭니다.

    실제로 농어촌공사 설문조사[23]에 따르면, 농지연금 신규 가입자의 87.9%가 제도에 만족하는 것으로 나타났습니다. 현재 농사를 짓고 있는 농업인이라면 당연히 활용을 우선적으로 검토해야겠지요. 그렇다고 현 시점에서 농업인이 아니라고 해서 기회가 없는 것은 아닙니다. 앞서 말씀드렸듯이, 농지연금은 일정 조건을 갖춘 농업인만 가입할 수 있습니다.

    예를 들어 55세 직장인의 경우, 농지연금 가입 요건은 '만 60세 이상'과 '5년 이상의 영농경력'이므로, 지금부터 영농경력을 쌓기 시작하면 가능합니다. 그럼 임차 농지는 어떻게 찾을 수 있을까요?

    농지연금을 신청할 때 방문하는 농지은행 홈페이지 초기 메뉴에서 "농지구하기"를 클릭하면 지역·면적·임대 조건 등 다양한 기준으로 임차할 수 있는 농지를 검색할 수 있습니다.

---

23) 2019년 1월 31일 보도자료.

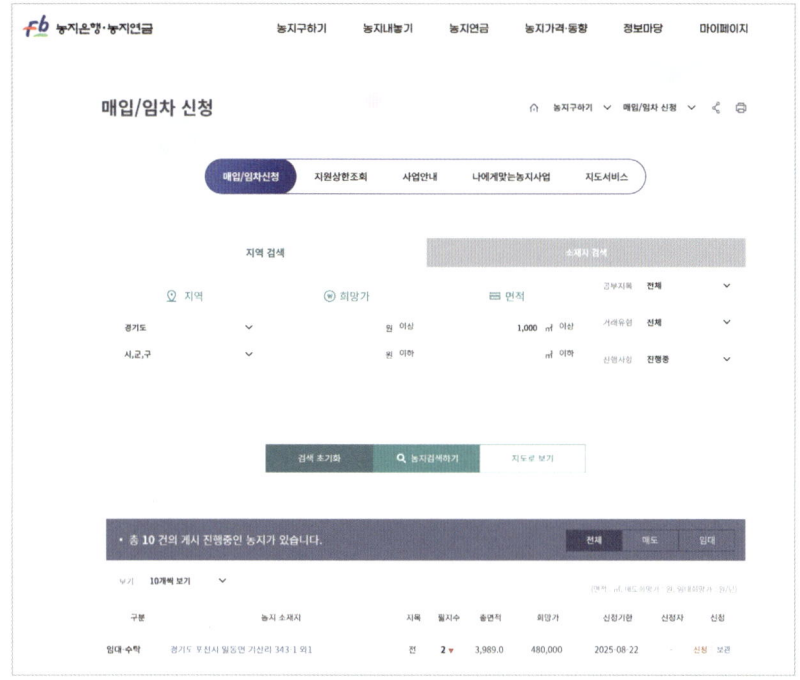

(출처: 농지은행 홈페이지)

농지연금 홈페이지 외에도 임차 농지를 찾을 수 있는 방법이 있습니다. 그중 하나가 캠코(한국자산관리공사)가 운영하는 온라인 공매 포털 시스템 '온비드(Onbid)'입니다. 온비드에 접속해 초기 화면에서 '부동산 HOME'을 선택한 뒤, 처분방식에서 '임대(대부)'를 클릭합니다. 이어 용도 선택에서 '토지'를 고르고 전(밭), 답(논), 과수원을 선택하면 농업인 자격을 취득할 수 있는 임차 농지를 확인할 수 있습니다.

온비드에서는 해당 물건의 위치를 지도에서 확인할 수 있을 뿐만 아니라, 입찰공고문과 각종 공식 입찰정보도 제공하므로 임차 농지를 선택하는 데 큰 도움이 됩니다.

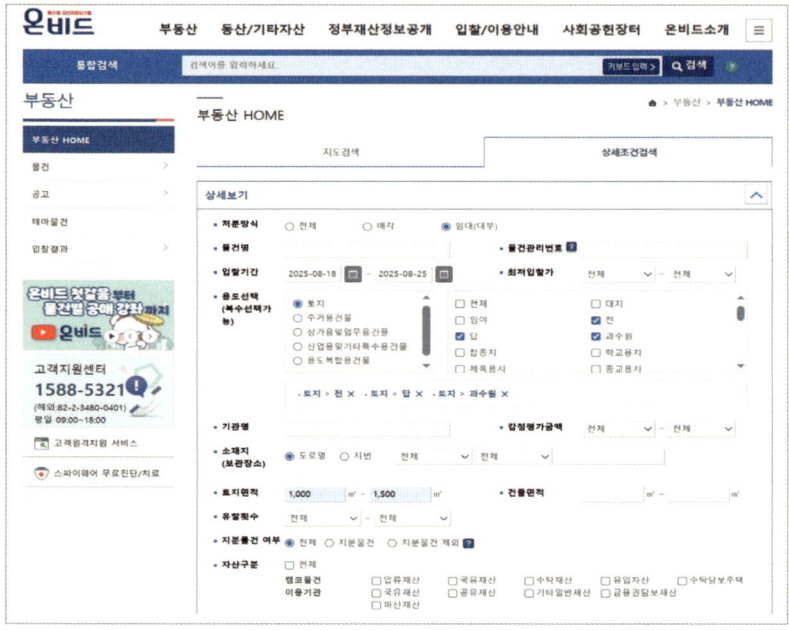

(출처 : 온비드 홈페이지)

참고로 농업경영체등록을 위한 면적은 아래와 같으니 토지면적을 감안하여 검색하면 됩니다.

- 1,000㎡ 이상의 농지에 농작물 재배
- 농지에 660 ㎡ 이상의 채소, 과실, 화훼작물(임업용 제외) 재배
    * 농지대장의 경작현황이 "주말·체험영농"인 경우 등록대상이 아님
- 농지에 330㎡ 이상의 고정식온실, 버섯재배사, 비닐하우스 시설을 설치하여 농작물 재배

그런데 농지연금을 신청하기 위해서는 농지취득 이후 2년이 경과해야

합니다. 그래서 이렇게 농지 임차를 통해 최소 3년의 농업인의 자격을 취득한 후 연금 신청 2년 전부터는 내가 정말 농사를 지으며 농지연금 신청을 하기 위한 농지를 취득해야 합니다. 임차농지로 농사를 짓는 동안 내가 살 농지를 꾸준히 찾아보는 것이 좋겠지요.

농지연금을 받기 위해서는 어떤 농지가 좋을까요? 우선 농지연금은 개별공시지가의 100% 또는 감정평가액의 90% 중 가입자가 선택할 수 있어요. 그러니 연금을 많이 받기 위해서는 실제 거래가보다는 공시가와 감정가가 높은 농지에 중점을 두고 찾아보는 것이 중요합니다. 경매에 관심을 가지고 공시가와 감정가가 높지만 몇 차례 유찰되어 낮은 가격에 낙찰받을 수 있는 물건을 찾아보는 것도 좋은 방법입니다.

특히 경매로 취득하는 경우 경락자금대출을 활용할 수도 있고 대출금은 연금 수령 시 총 지급가능액의 30% 이내에서 필요금액을 수시로 인출할 수 있는 유형인 "수시인출형"[24] 지급방식으로 상환해서 실제 구입자금을 줄일 수 있는 장점이 있습니다.

그리고 농지연금 신청시점에 대상농지가 주민등록상 주소지와 연접한 시군구에 있거나 직선거리로 30km 이내에 위치하고 있어야 하니까 이 점도 고려해야 합니다.

현재 농업인이 아닌 사람이 농지연금을 받기 위한 몇 가지 조건을 충족해야 하는 점이 번거롭기는 하지만 은퇴 후 귀농을 하거나 농사를 짓고자 하는 분들은 미리 계획을 세워 준비하면 안정적인 노후 준비에 농지연금이 큰 도움이 될 것입니다.

---

[24] 2025년 8월 현재 수시인출형은 가입 제한 중

8.
임야도 연금이 된다? 산지연금

연금 강의를 하다 보면 가끔 '산지연금'에 대해 묻는 분들이 있습니다. "다른 연금과 달리 수령 나이 제한이 없고 장점이 많다는데, 어떤 연금인가요?"라는 질문입니다.

먼저, 산지연금은 정확히 말해 '연금'의 종류가 아닙니다. 이는 「국유림의 경영 및 관리에 관한 법률」(약칭 국유림법)을 근거로, 산림청이 국유림의 경영·관리에 필요하다고 인정하는 공유림이나 사유림 등을 매입하고, 그 매매대금을 10년간 매월 일정 금액으로 분할 지급하는 "산지연금형 사유림 매수사업"을 말합니다. 이 사업에서는 매매대금의 40% 이내를 선지급하고, 나머지를 분할 지급하는데, 지급금에는 매매대금뿐만 아니라 이자와 지가상승 보상액도 포함됩니다. 2023년 기준으로 이자율 2.0%, 지가상승률 2.85%가 반영되었습니다. 따라서 임야를 보유하고 있다가 산림청에 매도할 경우, 연금 못지않게 매력적인 조건이 될 수 있습니다. 산림청도 이 사업을 적극 추진해 규모를 매년 확대하고 있습니다.

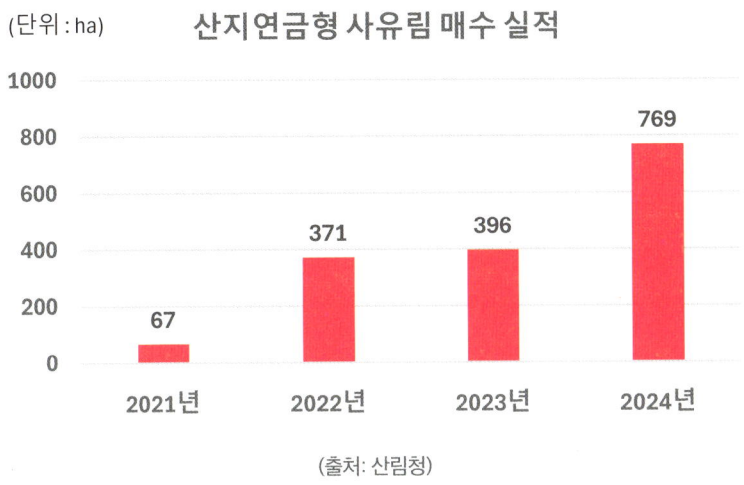

(출처: 산림청)

다만 주택연금이나 농지연금과 달리, 산지 소유자가 매도를 원한다고 해서 산림청에서 무조건 매수하는 것은 아닙니다. 매수 대상지의 위치와 면적에 제한이 있고, 정해진 조건을 충족해야 하며, 매년 편성된 예산 범위 내에서만 사업이 진행됩니다. 임야를 소유하고 있는 사람이라면 산림청 상담을 통해 이 제도를 적극적으로 활용해 보는 것이 좋겠습니다. 간혹 산지연금의 유리한 조건을 보고 임야를 매수하거나 경매에 참여하는 경우가 있지만, 매수 조건에 해당되지 않으면 산림청에 매도할 수 없습니다. 임야는 환금성이 낮아 장기간 자금이 묶일 수 있으므로, 이 점을 반드시 유념해야 합니다.

참고로, 각 지방산림청은 매년 초 "공·사유림 매수 계획 공고"를 산림청 홈페이지에 게시합니다. 사업 참여를 고려한다면 반드시 사전에 해당 공고를 확인하는 것이 좋습니다.

PART 7.

연금과 세금
그리고 건강보험료

1.
연금도 세금을 내나요?

몇 년 전, 퇴직한 은행 선배님께 전화를 받았습니다. 은행 재직 시절 연말정산 세제 혜택을 받기 위해 가입한 개인연금이 있는데, 만 55세가 되어 이제 연금을 받을 수 있다는 연락을 금융회사로부터 받으셨다고 합니다. 그런데 연금을 받으면 세금을 내야 하는지, 또 낸다면 얼마를 내야 하는지가 궁금하다고 하시네요. 은행에서 오래 근무했던 분도 이렇게 헷갈릴 정도니, 일반 직장인이라면 더 어려운 내용일 것입니다. 그래서 이번에 연금과 관련된 세금 내용을 정리해 드리겠습니다.

결론부터 말씀드리면, 연금을 수령할 때도 세금을 냅니다. 그렇다고 모든 연금에 세금이 부과되는 것은 아닙니다. 소득세법 제20조의 3에는 세금 부과 대상이 되는 '연금소득'을 명확히 규정하고 있습니다. 즉, 세법에서 정한 연금소득에 해당하는 경우에만 세금을 내면 됩니다.

법에서 말하는 연금소득이란, 국민연금과 같은 공적연금소득과, 노후 준비를 위해 개인적으로 가입한 연금저축계좌, 퇴직금을 운용하는 퇴직연금계좌에서 인출하는 연금 중 일정 요건에 해당되는 금액을 말합니다. 다소 어려운 법 조문을 인용하다 보니 복잡하게 느껴지실 수 있습니다.

조금 쉽게 설명드리면, 연금 수령액 중에서 보험료 납입 당시 세금 혜택(소득공제나 세액공제)을 받은 부분에 대해서는, 나중에 연금을 받을 때 세금을 내야 한다고 이해하시면 됩니다. 연금에 대한 세금을 정리하면 아래 표와 같습니다.

연금 종류	과세 여부		세율(지방소득세 포함)	소득 종류	비고
공적 연금	2002년 이전 보험료 납입 분	비과세			국민연금, 공무원연금 등 유족연금, 장애연금 비과세
	2002년 이후 보험료 납입 분	과세	종합소득세율 (6.6% ~ 49.5%)	연금소득	
퇴직 연금 (퇴직 급여)	일시금 수령	과세	퇴직소득세율	퇴직소득	
	연금 수령	과세	퇴직소득세율 x (60%, 70%)	연금소득	수령연차 10년 이내 70%, 10년 초과 60% 적용
연금 저축, 퇴직 연금 (IRP)	일시금 수령 (세액공제 받지 않은 금액)	비과세			
	일시금 수령 (세액공제 받은 금액)	과세	16.5%	기타소득	
	연금 수령 (세액공제 받지 않은 금액)	비과세			
	연금 수령 (세액공제 받은 금액)	과세	3.3% ~ 5.5%	연금소득	연간 1,500만원 초과 시 종합과세, 분리과세(16.5%) 선택 가능
운용 수익 (퇴직 연금 & 연금 저축)		과세			

우선 국민연금과 같은 공적연금은 기본적으로 과세 대상입니다. 연금 수령액과 다른 종합소득이 있으면 합산해 종합소득세를 납부합니다. 다만 앞서 말씀드린 것처럼, 보험료 납입 시 소득공제나 세액공제를 받은 금액에 대해서만 세금을 내면 됩니다. 국민연금 보험료는 2002년 납입분부터 전액 소득공제를 해 주고 있습니다.

따라서 연금 수령액을 2002년 이전 분(비과세)과 2002년 이후 분(과세)으로 나눠 계산하면 됩니다. 참고로 유족연금과 장애연금은 기간과 관계없이 전액 비과세입니다. 퇴직연금은 일시금으로 수령하면 세법에서 정한 퇴직소득세를 냅니다. 하지만 연금으로 받으면 기간에 따라 세율이 줄어듭니다.

- 10년 이하 수령: 퇴직소득세율의 70% 적용
- 10년 초과 수령: 퇴직소득세율의 60% 적용

이는 퇴직금을 안정적으로 연금 형태로 받도록 유도하기 위한 제도입니다.

연금저축은 납입기간 중 세액공제를 받지 않은 금액은, 연금이든 일시금이든 과세하지 않습니다. 하지만 세액공제를 받은 금액을 일시금으로 수령하면 16.5%의 기타소득세가 부과됩니다. 일시금 전체에 적용되는 세율이라 세금 부담이 큽니다. 반면, 연금으로 수령하면 기간에 따라 3.3%~5.5%의 낮은 연금소득세가 적용됩니다. 연금저축이나 IRP(개인형 퇴직연금)에서 발생한 운용수익도 동일한 세율로 과세됩니다.

여기서 하나 유의하셔야 하는 점이 있습니다. 연금소득은 정해진 세율로 납부가 마무리되는 분리과세 소득입니다. 그런데 3.3% ~ 5.5%로 적용되는 연금소득이 연간 1,500만 원을 넘게 되면 다른 소득과 합산하여 세율이 정해지는 종합소득에 포함됩니다.

물론 다른 소득이 없으면 종합소득 대상이라 하더라도 꼭 불리하지는 않지만 연금 수령액이 연간 1,500만 원 부근이라면 종합적인 검토가 필요합니다. 2023년도부터는 이런 경우 16.5%의 분리과세를 선택할 수 있도록 세법이 개정되었다는 점도 참고하시면 좋겠습니다.

그런데 1994년 6월부터 2000년 12월까지 판매된 연금저축은 (구)개인연금저축이라고 하는데 이 상품은 연금수령 시 비과세 되는 상품입니다. 당시 연간 납입액의 40%를 72만 원 한도로 소득공제도 되면서 연금 수령을 할 때는 소득세도 내지 않은 매력적인 연금저축이었죠.

저에게 전화를 주신 퇴직하신 선배님은 바로 이 (구)개인연금저축을 가지고 있기 때문에 연금소득세 걱정 없이 연금을 받으시면 되는 겁니다. 연금은 납입할 때에도 다양한 세제 혜택이 있지만 수령방법에 따라 조금 다른 세율이 적용됩니다. 그렇게 복잡하지는 않으니까 연금 수령 시점이 다가오는 분들은 수령방법에 따른 세율을 알아 두시면 좋겠습니다.

그리고 가능하면 연금은 가입 당시의 목적에 맞게 일시금이 아닌 연금 형태로 수령하는 것이 좋습니다. 최소한, 연금 형태로 받으면 세금 측면에서 큰 불이익은 없다는 점만이라도 기억하시면 됩니다.

2.
국민연금 연금소득세 계산, 사례로 쉽게 이해하기

연금소득이 있는 은퇴자가 실제로 얼마나 세금을 내는지 이해하려면, 먼저 우리나라 소득세법의 기본 구조를 알아 둘 필요가 있습니다.

소득세법은 개인의 소득을 이자소득, 배당소득, 사업소득, 근로소득, 연금소득, 기타소득, 퇴직소득, 양도소득 등 8가지로 구분합니다.

이 가운데 이자·배당·사업·근로·연금·기타소득 6가지는 합산하여 과세하는 종합과세가 원칙입니다. 종합과세란 소득의 종류에 관계없이 일정 기간 동안 발생한 소득을 모두 합산해 누진세율로 과세하는 방식입니다.

반면 퇴직소득과 양도소득은 다른 소득과 합산하지 않고 별도로 계산하는 분류과세를 적용합니다. 이는 오랜 기간에 걸쳐 발생한 소득이 한 번에 실현될 때 종합과세를 하면 과도한 세율이 적용되는 불합리를 완화하기 위해서입니다.

또 한 가지, 소득을 합산하지 않고 발생 시점에서 원천징수로 과세를 끝내는 분리과세도 있습니다. 예를 들어, 연간 2,000만 원 이하의 이자·배당소득은 지방소득세를 포함해 15.4% 세율로 원천징수하면 과세가 종결됩니다.

소득 구분		과세 분류
① 이자소득	종합소득	종합과세 * 소득종류에 따라 분리과세 일부 적용
② 배당소득		
③ 사업소득		
④ 근로소득		
⑤ 연금소득		
⑥ 기타소득		
⑦ 퇴직소득		분류과세
⑧ 양도소득		

연금소득은 다른 소득과 합산되어 과세되는 종합소득에 포함됩니다. 따라서 다른 소득이 있다면 종합소득세 계산 절차에 따라 최종 세액이 결정됩니다. 여기서는 연금소득세 구조를 보다 쉽게 이해할 수 있도록, 은퇴 후 연금소득만 있는 경우를 가정해 연금소득세 계산 과정을 살펴보겠습니다.

올해 65세가 된 김연금 씨는 국민연금을 받고 있습니다. 월 수령액은 150만 원이며, 국민연금 외에는 다른 소득이 없습니다. 아내와 함께 이 연금으로 생활하고 있죠.

김연금 씨의 환산소득누계액은 2001년 12월까지 3억 원, 2002년 1월 이후에는 9억 원입니다. 이 조건을 바탕으로, 김연금 씨가 내야 할 연금소득세를 계산해 보겠습니다.

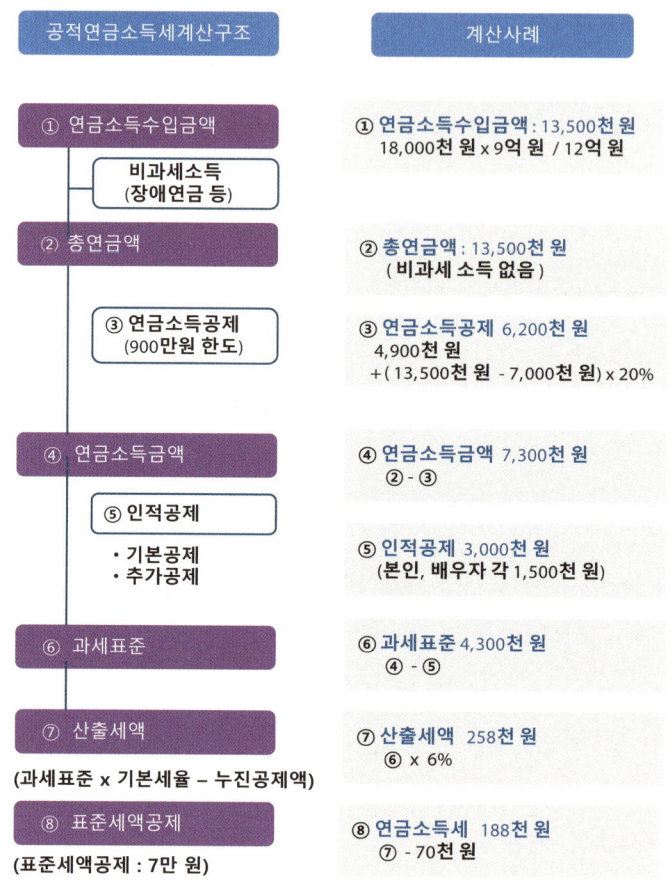

김연금 씨의 국민연금 연간 수령액은 1,800만 원(150만 원 × 12개월)입니다. 이 중 2001년까지의 환산소득에 해당하는 부분은 과세 대상에서 제외됩니다. 그 이유는 2002년부터 국민연금 연금보험료 전액을 소득공제해 주는 대신, 수령 시점에 연금소득세를 부과하기 때문입니다. 따라서 전체 소득에서 2002년 이전 소득 비율만큼은 빼 주는 것이죠.

여기서 '환산소득누계액' 개념이 등장합니다. 연금은 오랜 기간의 소득이 반영되기 때문에, 과거의 소득 가치를 현재 가치로 환산해야 합니다. 이는 국민연금에서 B값(개인 평균소득월액)을 계산할 때 재평가율을 적용해 과거 소득을 조정하는 원리와 같습니다.

예를 들어, 2025년 기준 재평가율[25]에서 1988년 소득은 8.249를 곱합니다. 만약 1988년에 월 소득이 100만 원이었다면, 환산소득은 842만 9천 원이 되는 것이죠. 이렇게 환산한 금액을 모두 합산해 전체 환산소득누계액을 구하고, 2002년 이후 소득 비율만큼 과세대상 연금소득을 산출합니다.

김연금 씨의 경우 2002년 1월 이후 환산소득누계액은 9억 원, 전체 환산소득누계액은 12억 원이므로 과세대상 연금소득은 다음과 같이 계산됩니다.

1,800만 원 × (9억 원 ÷ 12억 원) = 1,350만 원

즉, 김연금 씨의 연금소득수입금액은 1,350만 원입니다.

국민연금공단은 매월 연금소득세를 원천징수한 뒤 연금을 지급합니다. 원천징수 금액은 '연금소득간이세액표'(소득세법 시행령 별표3)를 기준으로 하며, 김연금 씨의 경우 월 112만 5,000원(1,350만 원 ÷ 12개월) 수령, 가족 2명 공제 기준으로 매월 15,660원이 원천징수됩니다.

또한, 이렇게 원천징수한 세금은 다음 해 1월 연말정산을 통해 최종 세액이 확정되며, 그 결과에 따라 추가 납부나 환급이 이루어집니다.

---

25) 보건복지부 고시 제2025-7호 "국민연금 재평가율 및 연금액 조정"

다음은 연금소득공제 계산입니다.

총 연금액 1,350만 원은 1,400만 원 이하 구간에 해당하므로, 연금소득공제액 = 490만 원 + (1,350만 원 - 700만 원) × 20% = 620만 원입니다. 따라서 연금소득금액은 1,350만 원 - 620만 원 = 730만 원이 됩니다.

총연금액	연금소득공제
350만 원 이하	총연금액 전액
700만 원 이하	350만 원 + 350만 원 초과액의 40%
1,400만 원 이하	490만 원 + 700만 원 초과액의 20%
1,400만 원 초과	630만 원 + 1,400만 원 초과액의 10%

여기에 인적공제(본인 150만 원 + 배우자 150만 원 = 300만 원)를 적용하면, 과세표준은 430만 원(730만 원 - 300만 원)입니다. 과세표준 430만 원에 해당하는 세율 6%를 적용하면 산출세액은 25만 8,000원이 됩니다.

과세표준	세율	누진공제액(원)
1,400만 원 이하	6%	-
5,000만 원 이하	15%	1,260,000
8,800만 원 이하	24%	5,760,000
15,000만 원 이하	35%	15,440,000
30,000만 원 이하	38%	19,940,000
50,000만 원 이하	40%	25,940,000
100,000만 원 이하	42%	35,940,000
100,000만 원 초과	45%	65,940,000

연금소득세에서는 표준세액공제로 7만 원의 세액을 일괄공제합니다.

따라서 실제 김연금씨의 연금소득세는 258,000원 - 70,000원 = 188,000원입니다.

김연금씨는 연금 수령 시 매월 15,660원을 원천징수해 1년간 187,920원을 납부했으므로, 다음해 1월 80원(188,000원 - 187,920원)을 추가로 납부하게 됩니다.

이런 과정을 거쳐 연금소득세를 계산해 보면, 연간 과세대상 총연금액이 950만 원 이하일 경우에는 소득세가 부과되지 않는다는 점도 참고할 만합니다.

3.
연금저축, 연금소득세 계산 사례

앞 장에서는 김연금 씨의 국민연금 수령액에 대한 연금소득세를 사례로 살펴봤습니다. 이번에는 김연금 씨가 과거에 가입했던 연금저축을 수령할 경우, 세금이 얼마나 부과되는지도 함께 알아보겠습니다.

김연금 씨의 연금저축 현황은 다음과 같습니다. 2016년에 연금저축펀드에 가입해 총 6천만 원을 납입했습니다. 이 중 5백만 원은 세액공제를 받지 않은 금액입니다. 운용 결과 1천만 원의 수익이 발생해, 2025년 1월 1일 기준 연금저축펀드 평가액은 7천만 원이 되었습니다. 김연금 씨는 2025년에 연금 수령을 시작했고, 첫해에 2천만 원을 수령했습니다.

먼저 김연금 씨의 연금 수령연차를 확인해 보겠습니다. 연금계좌에서 연금을 수령하려면 가입기간이 5년 이상이고 만 55세 이상이어야 합니다. 소득세법 시행령[26]에는 이렇게 규정되어 있습니다.

"연금수령연차란 최초로 연금을 수령할 수 있는 날이 속하는 과세기간을 기산연차로 하여, 그 다음 과세기간부터 누적 합산한 연차를 말한다."

---

26) 소득세법 시행령 제40조의 2, 제4항

따라서 김연금 씨는 가입 후 5년이 경과한 2021년이 1년 차가 되고, 2025년 현재는 5년 차에 해당합니다.

평가액	인출 순서	인출 금액	수령 한도	과세 금액
	① 세액공제 받지 않은 금액 5,000,000 원	과세 제외 금액 5,000,000 원	한도 내 금액 14,000,000 원	비과세 5,000,000 원
연금펀드 납입 금액 60,000,000 원	② 세액공제 받은 금액 55,000,000 원	과세 제외 금액 15,000,000 원		연금소득 9,000,000 원
			한도 초과 금액 6,000,000 원	기타소득 6,000,000 원
운용 수익 10,000,000 원	③ 운용 수익 10,000,000 원			

또한, 연금저축에서 연금을 인출할 때는 다음과 같은 순서가 적용됩니다.

1) 세액공제를 받지 않은 납입액
2) 세액공제를 받은 납입액
3) 운용수익

김연금 씨는 올해 2,000만 원을 연금으로 인출했는데, 먼저 세액공제를 받지 않은 납입액 500만 원이 1순위로 인출되고, 이어서 세액공제를 받은 납입액 5,500만 원 중 1,500만 원이 2순위로 인출됩니다.

이제 다음 단계로, 김연금 씨가 2025년에 인출할 수 있는 연금 수령 한도를 계산해 보겠습니다. 세법에서는 연금 수령 한도를 다음과 같은 산식으로 정하고 있습니다.

$$\frac{\text{연금계좌의 평가액}}{(11 - \text{연금수령 연차})} \times \frac{120}{100}$$

70,000,000원 ÷ (11 - 5) × 120 ÷ 100 = 14,000,000원

따라서, 2025년에 세금 혜택을 받을 수 있는 연금 인출 한도는 1,400만 원입니다.

김연금 씨가 실제로 인출한 금액은 2,000만 원이므로, 이 중 1,400만 원은 '수령 한도 금액', 나머지 600만 원은 '수령 한도 초과 금액'으로 구분됩니다. 한도 내 금액 1,400만 원은

- 세액공제를 받지 않은 비과세 소득 500만 원
- 연금소득세 3.3%~5.5%가 적용되는 분리과세 연금소득 900만 원으로 나눌 수 있습니다.

반면, 수령 한도를 초과한 600만 원은 연금소득이 아닌 기타소득으로 분류되어, 16.5%의 세율로 과세됩니다. 이번 예시에서는 연금소득이 900만 원이므로, 저율(3.3%~5.5%)의 연금소득세로 분리과세됩니다. 그러나 만약 연금 평가액과 수령 한도가 높아져 연금소득이 1,500만 원을 초과하게 되면, 김연금 씨는 다음 두 가지 중 하나를 선택할 수 있습니다.

- 16.5%의 분리과세
- 다른 소득과 합산해 종합과세

종합과세를 선택할 경우, 앞서 살펴본 공적연금 계산 사례처럼 연금소득세 계산 구조에 따라 세액을 산출하게 됩니다. 이때는 반드시 두 가지 방법 모두 계산해 보고, 세금이 더 적게 나오는 방법을 선택하는 것이 중요합니다.

4.
연금과 건강보험료

자산이 많은 분들과 상담하다 보면, 이분들이 가장 먼저 확인하는 것이 있습니다. 바로 '세금'입니다.

고액자산가들은 어떤 결정을 내릴 때 단순히 당장의 이익·손해만 보지 않습니다. 세금이 미치는 장단점을 분석한 후에야 최종 결정을 합니다. 그래서 이들이 주로 거래하는 금융회사 PB센터나 지점에서는 반드시 세무전문가와 함께 상담을 진행합니다.

그런데 금융상품을 선택할 때 세금만큼이나 중요한 요소가 하나 더 있습니다. 바로 건강보험료입니다. 소득이 많은 자산가들이, 젊은 직장인 연봉 수준에 맞먹는 건강보험료를 내는 경우를 보면 저도 깜짝 놀랄 때가 있습니다. 이런 부담은 부유층만의 이야기가 아닙니다. 은퇴를 앞둔 분들에게도 결코 가볍지 않은 문제입니다. 건강보험료 산정의 기초가 되는 소득[27]은 소득세법에서 규정하는 이자·배당·사업·근로·연금·기타소득입니다.

즉, 연금소득과 금융소득이 세금뿐 아니라 건강보험료에도 영향을 미

---

27) 국민건강보험법 시행령 제41조

치기 때문에, 고액자산가들은 비과세, 분리과세, 과세이연 상품을 선호합니다. 그렇다면 우리가 노후 준비용으로 넣어 둔 '연금'은 건강보험료와 어떤 관계가 있을까요?

국민건강보험법 시행령에 따르면 연금소득이 건강보험료 산정 대상이긴 하지만, 현재는 공적연금(국민연금·공무원연금·사학연금·군인연금·별정우체국연금)에만 부과되고 있습니다. 반면 퇴직연금이나 개인연금 같은 사적연금은 건강보험료 부과 대상이 아닙니다.

다만, 소득세법상 '연금소득'은 공적·사적연금을 모두 포함합니다. 그리고 2022년 감사원 감사 이후, "건강보험료 산정 시 사적연금까지 포함해 전체 연금소득을 반영하는 방안을 마련하라"는 통보가 건강보험공단에 내려진 바 있습니다.

따라서 앞으로는 사적연금에도 건강보험료가 부과될 가능성이 있고, 이에 대한 찬반 논란이 이어지고 있습니다. 현재 공적연금은 전액 산정 대상이지만, 보험료 계산 시 연금소득의 50%만 소득으로 인정합니다. 그리고 건강보험료 산정에서 2천만 원과 1천만 원은 중요한 기준이 되는 금액입니다.

- 직장가입자: 급여 외 소득이 연간 2천만 원을 초과하면 추가로 '소득월액보험료'를 냅니다. 이 보험료는 전액 본인이 부담합니다. (직장보험료와 별도로 건강보험료 부과)

예를 들어, 군인연금으로 연 3,000만 원을 받고 있는 분이 직장에 취업해 직장가입자가 되었다고 가정해 보겠습니다.

이 경우, 연금소득이 연 2,000만 원을 초과하므로 초과분에 대해 소득월액보험료를 별도로 내야 합니다.

- 초과 소득: 3,000만 원 - 2,000만 원 = 1,000만 원
- 월 환산액: 1,000만 원 × 50% ÷ 12개월 = 411,660원
- 2025년 건강보험료율(7.09%) 적용: 411,660원 × 7.09% = 약 29,540원

따라서 매달 약 2만9천5백 원의 건강보험료를, 보수월액보험료와 별도로 추가 납부하게 됩니다.

- 피부양자 자격[28]: 은퇴 후 자녀의 직장보험 피부양자로 등록돼 있다면, 연간 소득이 2천만 원을 초과하는 순간 자격이 상실됩니다.

이 2천만 원 기준은 2022년 9월 건강보험료 부과체계 2단계 개편에서, 기존 3,400만 원보다 강화된 금액입니다. 그 결과, 연금 수령액을 줄이기 위해 조기노령연금을 신청하는 사례가 늘었고, 국민연금 임의가입자 수도 감소하는 현상이 나타났습니다.

앞서 말씀드린 1천만 원 역시 중요한 기준이 됩니다. 금융소득이 연간 1천만 원 이하라면, 2천만 원 초과 여부를 계산할 때 금융소득은 합산하지 않습니다. 예를 들어,

---

28) 국민건강보험법 시행규칙 제2조 3항

- 금융소득 1천만 원 + 기타소득 1,500만 원 → 합계 2,500만 원이지만, 금융소득이 1천만 원 이하이므로 소득월액보험료 부과 대상이 아님.

- 금융소득 1,010만 원 + 기타소득 1,000만 원 → 합계 2,010만 원이 되어, 직장인은 추가 보험료 대상, 피부양자는 자격 상실.

구분	사례 1	사례 2
금융소득 (이자, 배당)	1,000만 원	1,010만원
기타 소득 금액	1,500만 원	1,500만 원
건강보험료 대상 소득	1,500만 원	2,510만 원
직장인 (소득월액 보험료)	대상 외	대상자 (별도 보험료 납부)
건강보험 피부양자 (소득기준)	자격 유지	자격 상실

물론 피부양자가 되려면 소득요건뿐 아니라 재산 요건 등 다른 조건도 충족해야 합니다. 이에 대한 세부 내용은 다음 글에서 다루겠습니다.

정리하면, 연금소득 중 공적연금은 건강보험료 산정 대상이지만, 퇴직연금·개인연금 같은 사적연금은 현재 제외됩니다. 또한 건강보험료 산정 시 금융소득이 1천만 원 이하이면 합산에서 제외되지만, 1천만 원을 초과하면 전액 합산됩니다. 이렇게 합산된 금융소득과 다른 소득을 더해 연간 2천만 원을 초과하면, 직장인은 추가 보험료를 내야 하고, 피부양자는 소득기준에 따라 자격을 잃게 됩니다.

아직까지 사적연금은 포함되지 않으므로, IRP·연금저축 계좌를 적극 활용하고, 비과세 상품이나 ISA 계좌를 최대한 납입하는 것이 건강보험료 부담을 줄이고, 피부양자 자격을 유지하는 데 큰 도움이 됩니다.

5.
소득·재산에 따라 달라지는 은퇴자의 건강보험료

은퇴 후 건강보험료를 직접 내기 시작하면, 많은 분들이 예상치 못한 부담을 느끼게 됩니다. 직장에 다닐 때는 회사가 건강보험료의 절반을 부담하고, 나머지 절반도 급여에서 미리 공제된 뒤 입금되기 때문에 크게 신경 쓰지 않았을 겁니다.

하지만 퇴직 후에는 전액을 스스로 납부해야 하니, 그 금액이 결코 적지 않다는 것을 실감하게 됩니다. 게다가 건강보험료는 국민연금과 달리 평생 납부해야 하는 만큼, 은퇴 후에는 더 예민하게 다가옵니다.

그렇다면 건강보험료는 어떻게 산정될까요? 그리고 은퇴 후 지역가입자가 되면 얼마나 부과될까요? 건강보험료는 크게 직장가입자와 지역가입자로 구분됩니다.

- 직장가입자는 본인의 보수에 건강보험료율 7.09%를 곱해 산정하며, 이 중 절반은 회사가, 절반은 본인이 부담합니다.

만약 회사 급여 외에 연 2천만 원을 초과하는 소득이 있으면, 초과분에 대해서는 건강보험료율 7.09%를 적용해 추가로 100% 본인이 부담합니다. (이 추가분을 '소득월액보험료'라고 부릅니다.)

- 지역가입자는 직장가입자와 그 피부양자를 제외한 모든 가입자를 말합니다.

건강보험료는 가입자의 소득과 재산을 합산해 세대 단위로 부과합니다. 소득은 소득세법에 따라 산정한 이자·배당·사업·기타 소득, 그리고 근로·연금소득의 합계액입니다.

소득월액이 28만 원 이하라면 최저 보험료인 월 19,780원이 부과되고, 이를 초과하면 직장가입자와 마찬가지로 7.09%의 보험료율이 적용됩니다. 이때 근로·연금소득은 50%만 반영합니다.

재산은 재산기본공제 1억 원을 차감한 후, 60등급으로 구분하여 등급별 부과점수 × 208.4원을 곱해 산정합니다. 이렇게 계산된 소득에 따른 보험료와 재산에 따른 보험료를 합한 뒤, 여기에 장기요양보험료율(0.9182%) 곱해 장기요양보험료를 산출합니다. 마지막으로 건강보험료와 장기요양보험료를 합산하면 최종적인 지역보험료가 결정됩니다.

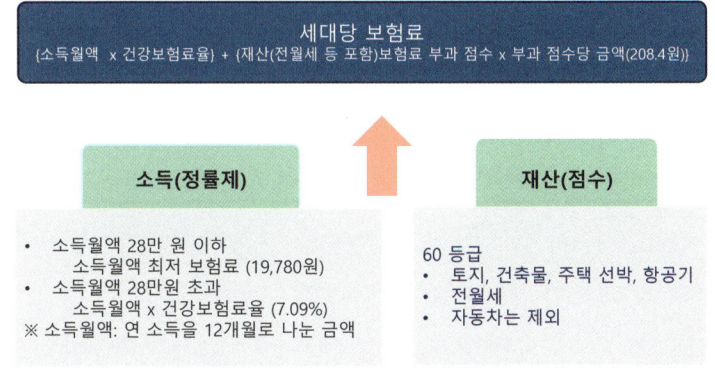

문제는 은퇴 후 지역가입자로 전환되면서 건강보험료가 크게 늘었거나, 앞으로 늘어날 가능성이 높다는 점입니다. 지역가입자로서 납부해야 하는 건강보험료는 앞의 산정 방식을 참고해 직접 계산할 수도 있지만, 국민건강보험공단 홈페이지의 '건강보험료 모의계산' 서비스를 이용하면, 예상 금액을 손쉽게 확인할 수 있습니다.

■ 보험료 산정 과정을 사례로 알아보기

앞서 살펴본 건강보험료 산정 방식을 실제 사례에 적용해 보겠습니다. 김건강 씨와 이미래 씨의 소득·재산 상황을 기준으로 지역보험료가 어떻게 계산되는지 확인해 보겠습니다.

사례 1: 김건강 씨
- 소득 및 재산 정보
  - 소득 : 퇴직연금 월 100만 원, 개인연금 월 50만 원, 국민연금 월 100만 원, 이자소득 연 800만 원
  - 재산 : 아파트 1채(시가 18억 원, 공시지가 13억 원, 재산세 과세표준 6억 원)

① 소득보험료
  - 사적연금(퇴직연금·개인연금)과 1,000만 원 이하 금융소득은 제외
  - 국민연금(공적연금)만 반영, 50% 적용 → 100만 원 × 50% = 50만 원
  - 보험료율: 50만 원 × 7.09% = 35,450원

② 재산보험료

- 6억 원 - 1억 원(기본공제) = 5억 원 → 33등급(812점)
- 812 × 208.4원 = 169,220원

③ 총 건강보험료

- 35,450원 + 169,220원 = 204,670원

④ 장기요양보험료

- 204,670원 × 0.9182% ÷ 7.09% = 26,500원

⑤ 최종 지역보험료

- 204,670원 + 26,500원 = 231,170원

사례 2: 이미래 씨의 지역보험료 산정

- 소득 및 재산 정보

- 소득 : 퇴직연금 월 200만 원, 국민연금 월 120만 원, 이자소득 연 1,500만 원
- 재산 : 아파트 1채(시가 20억 원, 공시지가 14억 원, 재산세 과세표준 8.4억 원)

① 소득보험료

- 사적연금(퇴직연금)은 건강보험료 산정에서 제외
- 금융소득이 1,000만 원을 초과하므로 전액 포함

    → 금융소득 월 환산: 1,500만 원 ÷ 12개월 = 125만 원
- 국민연금(공적연금)은 연금소득의 50% 반영

    → 월 120만 원 × 50% = 60만 원

- 합산 월 소득: 60만 원 + 125만 원 = 185만 원
- 보험료율 적용: 185만 원 × 7.09% = 131,160원

② 재산보험료
- 재산세 과세표준 8.4억 원 - 재산기본공제 1억 원 = 7.4억 원
- 7.4억 원은 36등급(921점)에 해당
- 921점 × 208.4원 = 191,940원

③ 총 건강보험료
- 소득보험료 + 재산보험료 = 131,160원 + 191,940원 = 323,100원

④ 장기요양보험료
- 323,100원 × 0.9182% ÷ 7.09% = 41,840원

⑤ 최종 지역보험료
- 건강보험료 323,100원 + 장기요양보험료 41,840원 = 364,940원

두 사례를 비교해 보면, 전반적인 소득 규모가 이미래 씨가 더 크기 때문에 건강보험료 역시 높게 책정됩니다. 특히 금융소득이 연 1,000만 원을 초과하면 전액이 소득에 반영되므로, 이로 인해 김건강 씨보다 보험료가 약 10만 원 가까이 더 오른 것을 확인할 수 있습니다.

이 사례를 통해, 금융소득이 많은 경우 비과세 상품이나 분리과세 금융상품을 적극 활용하면 건강보험료 부담을 줄일 수 있다는 점을 알 수 있습니다.

6.
은퇴 후 건강보험료, 이렇게 줄일 수 있다

은퇴 후 지역가입자로 전환되면 건강보험료가 확 올라가는 경우가 많습니다. "아니, 똑같이 사는데 왜 이렇게 많이 나와?" 하고 놀라는 분들도 있죠. 그럴 때 보험료 부담을 줄일 수 있는 방법이 몇 가지 있습니다.

첫 번째 방법은 임의계속가입 제도입니다. 쉽게 말해, 퇴직 전에 내던 직장가입자 보험료가 지역가입자 보험료보다 적다면, 퇴직 후 3년 동안은 그대로 직장가입자 보험료로 낼 수 있는 제도예요. 회사 다닐 때처럼 피부양자 등록도 가능하고요. 신청은 지역가입자로 전환된 뒤 처음 고지서를 받고, 그 납부기한 2개월 전까지 하면 됩니다. 퇴직 전과 후의 보험료를 비교해 보고 결정하면 좋겠죠.

두 번째 방법은 재취업입니다. 다시 직장가입자가 되는 거죠. 물론 재취업이 쉽진 않지만, 꼭 높은 급여가 아니어도 됩니다. 본인이 좋아할 수 있는 일, 오래할 수 있는 일을 찾아서 새로운 직장생활을 시작하면 보험료 부담도 줄고, 생활의 활력도 생깁니다.

단, 노령연금 받는 분이라면 'A값'(2025년 기준 월 3,089,062원)을 넘는 소득이 있으면 연금이 깎일 수 있으니 주의하세요. 그럴 땐 국민연금 연기연금을 신청하는 방법도 있습니다. (자세한 건 '소득이 많으면 국민연금을 못 받는다? 진실과 해법'에서 확인하세요.)

세 번째 방법은 자녀의 직장가입자 피부양자가 되는 것입니다. 조건만 맞으면 보험료를 한 푼도 내지 않아도 되는, 말 그대로 '꿀' 같은 방법이죠.
다만 최근에는 피부양자 자격 요건이 점점 까다로워지고 있습니다. 소득과 재산 두 가지 요건을 모두 충족해야 하는데, 기준은 '국민건강보험 시행규칙 별표 1의2'에 나와 있습니다. 간단히 요약하면 아래와 같습니다.

구분	인정 기준

소득	• 소득의 합계액이 연간 2,000만 원 이하일 것
	• 사업소득이 없을 것
	  - 사업자등록이 되어 있지 않은 경우 (사업소득 연간 500만 원 이하)
	  - 장애인, 국가유공자, 보훈대상자(사업소득 연간 500만 원 이하)
	• 부부 모두 소득 요건 충족해야 함.

재산	• 재산세 과세표준이 5.4억 원 이하일 것 • 재산세 과세표준이 5.4억 원 초과 9억 원 이하이고 연간 소득 합계액이 1천만 원 이하일 것

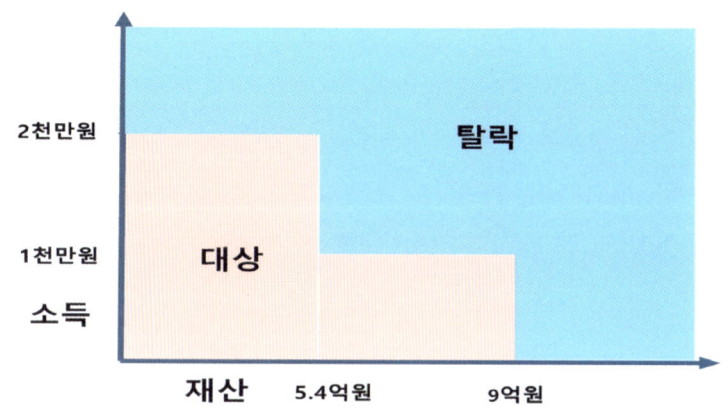

건강보험의 소득 요건에 대해서 앞서 여러 번 설명했습니다. 소득을 계산할 때는 소득세법에서 정한 비과세 소득과 분리과세 소득은 빼고 봅니다. 연금소득은 포함되지만, 현재는 공적연금(국민연금, 공무원연금, 군인연금 등)만 해당되고 퇴직연금이나 개인연금 같은 사적연금은 제외됩니다. 그리고 금융소득이 1,000만 원 이하면 계산에서 빠지지만, 1,000만 원을 넘는 순간 전액 합산됩니다. 따라서 금융소득이 1,000만 원 부근인 은퇴자라면, 이 기준선을 넘지 않도록 관리하는 것이 매우 중요합니다.

재산은 재산세 과세표준으로 판단하는데, 주택은 시가표준액의 60%를 적용합니다. 다만 1세대 1주택은 43~45%로 더 낮은 비율을 적용하지요 시가표준액이 시세의 약 70%라고 가정할 경우, 시세 약 17억 원의 1세대 1주택은 재산요건을 통과할 수 있습니다.

예시 계산: 17억 × 70% × 45% = 5.35억 원 → 재산요건 충족 가능.

또 한 가지, 소득요건은 부부 모두가 충족해야 하지만, 재산요건은 부부 각자 기준으로 보기 때문에 부부 중 한 사람만 피부양자가 되는 경우도 있습니다. 앞 장에서 지역가입자 보험료 산정 과정을 살펴본 두 사례, 김건강 씨와 이미래 씨는 과연 건강보험 피부양자 조건을 충족하는지 알아보겠습니다.

1) 김건강 씨
- 과세표준 : 6억 원 → 5.4억 원 초과 ~ 9억 원 이하 구간 → 재산요건 조건부 충족
- 소득 : 국민연금 연 1,200만 원 → 소득요건 충족
- 결과 : 피부양자 자격 불가
  → 재산 5.4억 원 초과 시 소득 1천만 원 이하인 경우 가능

2) 이미래 씨
- 과세표준 : 8.4억 원 → 5.4억 원 초과 ~ 9억 원 이하 구간 → 재산요건 조건부 충족
- 소득 : 국민연금 연 1,440만 원 + 금융소득 1,500만 원 = 연 2,940만 원
  → 소득요건 불충족
- 결과 : 피부양자 자격 불가
  → 재산 5.4억 원 초과 시 연 소득 1천만 원 이하인 경우 가능하나 금융소득 포함 연 2,940만 원

두 사례에서 보듯, 금융소득 1,000만 원과 연간 소득 2,000만 원은 피부양자 자격의 핵심 기준입니다.

특히 금융소득은 1,000만 원을 초과하는 순간 전액이 건강보험료 산정에 반영되므로, 관리 여부에 따라 보험료가 크게 달라집니다. 사적연금소득과 비과세·분리과세 소득은 건강보험료 산정에서 제외됩니다. 대표적으로 퇴직연금, IRP, 연금저축, ISA 계좌가 여기에 해당합니다. 이 상품들은 세액공제, 과세이연, 저율과세라는 세제 혜택은 물론이고, 건강보험료 절감 효과까지 있으니 적극 활용할 만합니다.

건강보험료는 은퇴 후에도 매달 빠져나가는 '평생 고정비'입니다. 제도를 이해하고, 내 상황에 맞는 금융상품과 방법을 선택하는 것만으로도 매달 부담이 달라집니다. 작은 차이가 모이면 은퇴 생활의 여유를 지켜 주는 큰 힘이 됩니다.

PART 8.

연금을 활용한 은퇴 준비 사례

사례1

대기업 재무팀 부장으로 재직 중인 55세 김경남씨는 은퇴 시점을 내년으로 생각하고 있습니다. 60세가 정년이지만 57세부터는 임금피크제로 급여가 줄어들 뿐 아니라 56세에 명예퇴직을 하면 명예퇴직금도 받을 수 있기 때문입니다. 김경남씨는 은퇴를 위해 어떤 준비를 해야 할까요?

■ 기본 정보

- 가족 : 배우자 (육아를 위해 퇴직 후 전업 주부), 자녀 2명 (대학생)
- 현재 소득 : 급여 연 1.5억 원
- 부동산 : 현재 거주 중인 아파트(시세 18억 원), 부부 공동명의
- 부채 : 아파트 담보대출 3억 원
- 금융자산 : 연금저축펀드 5천만 원, IRP 2천만 원, 2012년 가입
- 퇴직금 : DC로 운용 중 현재 평가액 1.2억 원, 명예퇴직 시 명예퇴직금 3억 원 예상, 10년 전 퇴직금 중간 정산
- 국민연금 가입연수 : 31년

1. 국민연금

김경남 씨는 국민연금 납입기간 40년을 목표로 해야 합니다. 내년까지 근무하면 32년을 채우게 되는데, 재취업하지 않을 경우 실업크레딧을 활용할 수 있습니다. 실업크레딧은 재산세 과세표준이 6억 원 이하이면서,

종합소득이 1,680만 원 이하인 사람이 대상입니다.

김경남 씨는 재취업하지 않으면 종합소득이 없고, 현재 거주 중인 아파트가 시세 약 18억 원, 공시가격은 약 13억 원이라고 가정할 때, 재산세 과세표준은 약 6억 원으로 추정됩니다. 이 아파트가 부인과 공동명의이므로, 김경남 씨의 재산세 과세표준은 3억 원이 되어 실업크레딧 대상이 됩니다.

실업크레딧은 국가에서 보험료의 75%를 지원하고, 본인이 25%를 부담하며 최대 12개월 동안 지원됩니다. 또한, 60세 이후에도 임의계속가입을 통해 64세까지 국민연금을 납부하는 것이 좋습니다.

실업크레딧 기간 종료 후 여유가 없다면 현재 최소 납부액인 월 9만 원이라도 납부하면, 65세부터 받는 노령연금이 크게 증가할 수 있습니다.

이는 국민연금 소득대체율이 40년 납부를 기준으로 한 것이며, 가입 기간 20년 이후부터는 매년 기본 연금액이 5%씩 증가하는 구조이기 때문입니다.

현재 전업주부인 아내의 국민연금도 살펴봐야 합니다. 직장생활 경험이 있는 아내가 최소 20년의 납입 기간을 채우도록 추후납부(추납)를 고려해, 은퇴 후 부부가 함께 노령연금을 받을 수 있도록 준비해야 합니다.

또한, 대학생인 자녀들도 임의가입을 통해 국민연금에 가입할 수 있습니다. 만약 계속 납입이 어렵다면 납입을 중지하고, 나중에 자녀들이 경제적으로 여유가 생겼을 때 추납을 통해 납입 기간을 늘릴 수 있습니다. 이는 자녀들이 나중에 받을 노령연금을 증가시키는 효과가 있습니다.

2. 연금저축

퇴직 전까지 현재 가입중인 IRP(개인형 퇴직연금)와 연금저축펀드에 최소 연 900만 원씩 납입하는 것이 좋습니다. 연금계좌는 최소 5년 이상 납입하고 55세 이후에 연금을 받을 수 있습니다. 따라서 김경남 씨는 퇴직 후 바로 연금 수령이 가능합니다. 재직 중에는 세액공제 한도까지 납입해 세액공제 혜택을 받고, 퇴직 다음해부터 연금을 받으면 유동성 문제도 크지 않습니다.

특히 김경남 씨는 2013년 이전에 가입한 연금 계좌가 있어, 연금 수령 기간을 5년으로 설정할 수 있는 장점이 있습니다. (2013년 이후에 가입한 계좌는 최소 10년 이상 연금 수령을 해야 함)

3. 퇴직금 수령

김경남 씨는 10년 전에 퇴직금을 중간 정산했습니다. 이 경우 '퇴직소득 세액정산'을 통해 퇴직소득세가 줄어들 수 있는지 꼭 확인해야 합니다. 퇴직소득세는 근속연수에 따라 달라지는데, 퇴직소득 세액정산을 신청하지 않으면 중간 정산 이후 기간만 근속연수로 인정되어 퇴직소득세가 더 많이 부과될 수 있습니다.

만약 대출금 상환 계획이 있다면, 우선 IRP 계좌로 퇴직금을 수령한 후 인출하는 것이 유리합니다. 55세 이후에는 일반 계좌로도 퇴직금을 수령할 수 있지만, 바로 대출금을 갚기 위해 일반 계좌로 수령할 경우 퇴직소득세를 100% 납부해야 합니다. 그러나 IRP로 수령하고 연간 수령 한도 내에서 인출하면 퇴직소득세의 30%를 절감할 수 있습니다.

예를 들어, 12월에 명예퇴직을 한다면 12월에 한도 내에서 인출하고, 다음 해 1월에 다시 인출하는 방식으로 진행할 수 있습니다. 김경남 씨의 퇴직금이 약 4.5억 원이라면, 이 중 2/5에 해당하는 약 1.8억 원을 퇴직소득세 30% 감면 혜택을 받으며 두 달 만에 인출할 수 있게 되는 것입니다.

따라서 퇴직연금 수령 한도를 고려한 대출금 상환 계획을 세우는 것이 좋습니다.

사례2

중소기업 상무로 재직 중인 50세 이미희씨는 현재 직장생활에 만족하고 있으나 회사의 명예퇴직이 있다면 퇴직을 고려 중입니다. 노후를 위해 매월 납입하고 있는 연금저축보험을 좀 더 적극적으로 운용할 생각이 있으며 혹시 명예퇴직을 한다면 퇴직금으로 아파트담보대출은 전액 상환할 예정입니다.

■ 기본 정보

- 가족 : 미혼
- 현재 소득 : 급여 연 1.2억 원
- 부동산 : 현재 거주 중인 아파트(시세 10억 원)
- 부채 : 아파트 담보대출 2억 원
- 금융자산 : 연금저축보험 5천만 원, IRP 2천만 원, 투자상품(펀드, 주식) 3억 원
- 퇴직금 : DB가입 현재 평가액 2억 원, 명예퇴직 시 명예퇴직금 2억 원 예상
- 국민연금 가입연수 : 25년, 직장 이직 기간 1년 동안 납입 중지하였음.

1. 국민연금

이미희 씨도 국민연금 가입 기간 40년을 목표로 삼아야 합니다. 우선

과거 1년 동안 납입하지 못한 국민연금에 대해 추납을 고려할 필요가 있습니다. 추납 시에는 현재 소득을 기준으로 보험료가 산정되며, 현재 직장인이라고 하더라도 추납은 보험료를 100% 본인이 부담해야 합니다.

국민연금은 납입한 보험료가 많을수록 나중에 받는 연금액도 늘어납니다. 따라서 현재 소득 기준으로 보험료를 납부하는 것이 유리할 수 있습니다. 다만, 금액이 부담된다면 은퇴 후 소득이 없거나 줄어든 시점의 기준으로 납부하는 방법도 있습니다.

회사 재직 중에 추납보험료를 납부하면 보험료 전액에 대해 소득공제 혜택을 받을 수 있는 장점이 있습니다. 또한 한 번에 전액을 내기가 부담스럽다면 분납제도를 활용해 기간을 나누어 납부하는 것도 좋은 방법입니다.

2. 연금저축

연금저축보험을 더 공격적으로 운용하고 싶다면, 연금저축펀드로 이체하는 것이 좋습니다. 이체는 본인이 원하는 금융사를 직접 방문하거나 온라인, 모바일을 통해 간단히 할 수 있습니다. 이체하기 전에 연금저축보험의 공시이율과 수수료를 확인하고, 이체 후 실제 금액이 얼마인지도 확인해야 합니다.

연금저축펀드로 이체한 후에도 금융사에 만족하지 않으면 언제든지 다른 금융사로 다시 이체가 가능합니다. 다만, 기존 계좌에 있는 상품을 모두 현금화한 후에 이체를 해야 한다는 번거로움이 있을 수 있습니다.

이미 주식과 펀드에 3억 원을 투자하고 있는 이미희 씨는 중개형 ISA를 활용하는 것이 좋습니다. 2016년 3월에 도입된 ISA는 가입자가 급격히 증가하여, 2024년 8월 말 기준으로 가입금액이 30조 원을 넘는 혜택이 많은 상품입니다.

이미희 씨처럼 펀드나 주식 등 다양한 금융상품을 이용하는 투자자라면, 손익통산과 수익 200만 원까지(일반형)의 비과세, 그리고 9.9% 분리과세 혜택을 제공하는 ISA 통장을 현재 가입한도 연 2천만 원까지 우선적으로 활용하는 것이 좋습니다.

또 ISA 만기자금을 연금계좌로 입금하면 이체 금액의 10%에 해당하는 금액, 최대 300만 원까지 추가로 세액공제를 받을 수 있습니다.

3. 퇴직금 수령

이미희 씨가 명예퇴직을 하고 퇴직금으로 대출 2억 원을 전액 상환할 계획이라면, 퇴직금 수령 계좌를 두 개로 나누는 것이 유리합니다. 연금계좌는 55세 이상, 5년 이상 납입해야 연금으로 수령할 수 있으며, 연금으로 수령할 때는 연간 수령 한도 내에서 인출해야 퇴직소득세 감면 혜택을 받을 수 있습니다.

하지만 55세 미만인 이미희 씨가 퇴직금을 하나의 IRP 계좌로 수령한 후 대출금을 상환하려면 계좌를 해약해야 합니다. 이를 피하려면 법정 퇴직금 2억 원과 명예퇴직금 2억 원을 각각 IRP 계좌로 나누어 수령한 후, 한 계좌는 해약해 대출을 상환하고 나머지 계좌는 55세까지 운용하여 연금으로 받는 것이 좋습니다.

물론, 회사에 퇴직금을 두 계좌로 나누어 입금해 줄 것을 요청하고, 담당 실무자의 사전 양해를 구하는 것이 필요합니다.

사례3

IT회사 엔지니어로 근무 중인 43세 전승호씨는 DB형 퇴직연금을 가입 중입니다. 회사는 기본급은 매년 소폭 인상해 주고 대신 성과급으로 성과를 보상해주고 있어 DC형 전환을 고민 중입니다. 중소기업에 근무하고 있는 아내와 맞벌이 중이며 현재 무주택자로 주택구입이 우선 재무 목표입니다.

■ 기본 정보

- 가족 : 배우자(10인 미만의 사업장 근무, 연봉 30백만 원), 자녀 1명 (중학생)
- 현재 소득 : 급여 연 1억 원
- 부동산 : 전세 4억 원 아파트 거주 중
- 금융자산 : 연금저축보험 30백만 원, IRP 20백만 원
- 퇴직금 : DB가입 현재 평가액 1억 원
- 국민연금 가입연수 : 18년, 2000년 육군 병장 만기 전역(26개월 복무)

1. 국민연금

전승호 씨는 국민연금 가입 기간을 늘리기 위해 군 복무 기간 26개월에 대한 추납을 고려해야 합니다. 병역의무를 마친 후 국민연금 가입 자격을 얻은 사람은 병역 기간에 대해 추납이 가능하며, 추납한 보험료에 대해서

도 소득공제 혜택이 있습니다.

앞서 이미희 씨의 사례에서도 설명했듯, 현재 소득 기준으로 보험료를 납부하는 것이 부담스럽다면 은퇴 후 소득이 없거나 줄어든 시점의 기준으로 납부하는 방법도 고려할 수 있습니다.

다만 추납을 계획할 때는 2025년 개정된 국민연금법 내용을 꼭 확인해야 합니다. 이번 개정으로 보험료율은 현행 9%에서 13%로 인상되고, 소득대체율은 40%에서 43%로 올라갑니다. 적용 시점은 2026년부터이며, 소득대체율은 2026년 1월부터 바로 43%로 적용되지만 보험료율은 2026년부터 매년 0.5%포인트씩 단계적으로 인상됩니다.

여기서 주목해야 하는 것은, 추납은 '신청 시점'과 '실제 납부 시점'의 기준이 다르다는 점[29]입니다. 추납 신청은 납부 희망 월의 전월까지 하면 되고, 보험료율은 추납 신청 월 기준, 소득대체율은 실제 납부 월 기준으로 결정됩니다.

따라서 전승호 씨가 2025년 12월에 추납을 신청하고 실제 납부를 2026년에 하면, 보험료율은 9%로 유지되면서 소득대체율은 43%를 적용받을 수 있습니다. 이렇게 시기를 잘 활용하면 추납 부담은 줄이고 연금 수령액을 늘릴 수 있으니, 추납 결정을 할 때 반드시 참고하면 좋겠습니다.

배우자는 "두루누리 연금보험료 지원" 제도를 활용하여 국민연금 보험료를 지원받는 것을 추천합니다. "두루누리 연금보험료 지원" 제도는 10인 미만 사업장에서 월 270만 원 미만을 받는 근로자에게 보험료의 80%를 지원해 주는 제도이며, 최대 36개월 동안 지원 가능합니다. 매우 유용

---

29) 국민연금법 제92조 3항, 5항

한 제도입니다.

2. 퇴직연금

현재 가입 중인 DB형 퇴직연금을 DC형으로 전환하는 것도 고려해 볼 만한 선택입니다. DB형은 장기 근무가 가능하고 급여 인상률이 높은 직장인에게 유리한 반면, 전승호 씨처럼 급여 인상률이 낮을 경우에는 퇴직금을 더 적극적으로 운용할 수 있는 DC형이 더 나은 선택일 수 있습니다.

하지만 DC형은 가입자가 직접 투자 관리를 꾸준히 해야 하는 어려움이 있습니다. 만약 DC형으로 전환한다면, 은퇴 시점에 맞춘 TDF(타깃데이트펀드)를 이용해 퇴직연금을 운용하는 것을 추천합니다.

또한, DC형으로 전환하면 주택 구입 시 중도인출이 가능합니다. 퇴직연금은 노후 자금을 위한 것이기 때문에 중도인출을 추천하지는 않지만, DB형에서는 중도인출이 불가능한 반면, DC형에서는 무주택자가 주택을 구입할 때 중도인출이 가능합니다. 이때 중도인출한 금액에 대해서는 퇴직소득세가 부과됩니다.

DC형으로 전환할 경우, 매년 받는 성과급을 DC형 계좌에 적립하는 것도 좋은 방법입니다. 이렇게 하면 성과급이 근로소득이 아니라 퇴직소득으로 분류되며, 근무 연수 등에 따라 차이는 있을 수 있지만 소득세보다 퇴직소득세의 실효세율이 낮아 절세 효과를 기대할 수 있습니다. 또한, 퇴직연금의 장점인 과세이연 및 퇴직 후 연금 수령 시 퇴직소득세 감면 혜택도 받을 수 있습니다.

사례4

　3년 전 회사에서 퇴직 후 퇴직연금으로 생활하고 있는 59세 배석호 씨는 생활비 부족으로 고민 중입니다. 직장 생활을 하고 있는 딸의 결혼 자금이 필요하고 또 딸의 직장 건강보험 피부양자 자격을 유지하면서 생활비를 해결할 수 있는 방안이 필요합니다.

■ 기본 정보

- 가족 : 배우자(전업주부), 자녀 1명(회사원)
- 현재 소득 : 퇴직연금 월 100만 원 수령 중
- 부동산 : 현재 거주 중인 아파트(시세 15억 원), 선친으로부터 상속 받은 경기도 소재 밭 500평
- 금융자산 : 은행예금 1억 원, 연금저축펀드 1천만 원
- 국민연금 가입연수 : 26년 납입 중

1. 국민연금

　배석호 씨는 은퇴 후 생활비가 부족한 상황에서 국민연금의 조기노령연금을 고려할 수 있습니다. 여유 자금이 있다면 국민연금 가입 기간을 최대한 늘리고 정해진 연령에 맞춰 정상 개시하는 것이 유리합니다. 그러나 당장 생활비가 부족하다면 조기노령연금도 대안이 될 수 있습니다.
　배석호 씨는 1966년생으로, 만 64세부터 정상 노령연금을 받을 수 있습

니다. 하지만 조기노령연금을 선택하면 만 59세인 2025년 올해부터 수령이 가능합니다. 다만 이 경우 연금액이 30% 감액되며, 근로소득이나 사업소득이 A값(2025년 기준 3,089,062원)을 초과하면 연금 지급이 중지될 수 있다는 점을 반드시 유념해야 합니다.

2. 주택연금 & 개인연금

보유 중인 아파트를 활용해 주택연금을 신청하는 방법도 있습니다. 배우자 역시 만 59세라고 가정하면, 종신혼합방식으로 가입 시 일시금 2억 2,080만 원과 매월 112만 7,040원의 연금을 평생 받을 수 있습니다. 일시금은 딸의 결혼 자금으로, 월 연금은 생활비로 사용할 수 있습니다.

또 다른 방법으로, 현재 시세 15억 원의 아파트를 매각해 시세 9억 원 아파트로 이사한 뒤 주택연금을 신청하는 방식이 있습니다. 매각 차액 약 6억 원(세금 등 부대비용 미반영)은 일부를 결혼 자금으로 쓰고, 나머지는 금융자산으로 운용합니다. 이사한 아파트로 일시금 없이 종신지급형 주택연금을 신청하면 매월 약 169만 570원을 평생 받을 수 있습니다.

금융자산 운용 시에는 비과세·분리과세 상품을 활용하는 것이 중요합니다. 배석호 씨 부부는 연간 소득금액이 2,000만 원을 초과하면 건강보험 피부양자 자격을 잃을 수 있기 때문입니다. 이를 피하기 위해 ISA(개인종합자산관리계좌)를 활용할 수 있습니다. ISA는 비과세·분리과세 혜택이 있고 필요 시 원금 인출이 가능해 금융소득을 줄이는 데 유리합니다. 1억 원 가입 한도를 채워 가입하고, 일부를 배우자에게 증여해 금융소득을 분산하는 전략도 좋습니다.

또한, 배석호 씨가 만 60세 이후 아파트를 매각한다면 연금계좌에 1억 원

한도로 추가 납입이 가능합니다. 현재 보유 중인 연금저축펀드에 추가 납입해 과세이연과 분리과세 혜택을 동시에 누리는 것도 좋은 선택입니다.

3. 농지연금

배석호 씨가 상속받은 경기도 소재 밭은 농지연금으로 활용할 수 있습니다. 농지연금은 주택연금과 유사하지만, 금리와 보증료 조건이 더 유리한 경우가 많습니다.

다만 가입 조건이 있습니다. (만 60세 이상, 5년 이상 영농 경력, 신청자 주소지와 농지 간 거리 요건 충족) 현재 59세인 배석호 씨는 내년에 만 60세가 됩니다. 만약 아파트 매각 후 이사 계획이 있다면, 농지 인근으로 이사하는 등 미리 농지연금 조건을 갖추는 좋습니다. 이렇게 준비하여 내년에 농지연금을 신청하는 것이 좋은 선택이 될 수 있습니다.

사례5

피부과 개업의 50세 김현아 씨는 10년 후 은퇴 예정이며 은퇴 후 안정적인 노후 연금에 대한 관심이 많고 특히 금융소득종합과세와 건강보험료에 대한 부담으로 고민이 많습니다.

■ 기본 정보

- 가족: 배우자, 자녀 1명
- 소득 : 연 3억 원
- 부동산 : 현재 거주 중인 아파트(시세 30억 원)
- 금융자산 : 은행 정기예금 1,500백만 원, 투자상품(펀드, 주식 등) 1,000백만 원
- 국민연금 가입연수 : 25년 가입 중

1. 국민연금

김현아 씨는 고소득자이며 금융자산이 많지만, 국민연금은 물가상승률을 반영하여 평생 수령할 수 있는 안정적인 은퇴 자산입니다. 따라서 국민연금을 꾸준히 납입하여 40년 가입 기간을 목표로 하는 것이 좋습니다. 국민연금은 은퇴 설계의 기본이므로 지속적인 가입을 추천합니다.

2. 비과세 연금보험 활용

김현아 씨처럼 금융자산이 많은 경우, 자산 관리를 할 때 비과세 및 분리과세 상품을 통해 실질적인 수익률을 높이는 것이 중요합니다. 금융소득이 2천만 원을 초과하면 금융소득과 사업소득이 합산되어 높은 소득세율이 적용 되며, 추가로 건강보험료도 부담하게 됩니다. 특히 김현아 씨가 병원을 운영 중이라면, 병원 소득 외에 2천만 원을 넘는 금융소득에 대해 건강보험료가 부과되므로 비과세 및 분리과세 상품에 집중해야 하는 이유가 있습니다.

우선, 현재 세법상 비과세 혜택이 있는 총납입한도 1억 원, 월 적립식 150만 원의 연금보험을 가입하는 것이 유리합니다. 또한, IRP와 연금저축보험은 세액공제 한도인 연 900만 원을, 여유가 있다면 최대 한도인 연 1,800만 원까지 납입해 과세이연, 저율의 분리과세 혜택을 누리며 은퇴 후의 현금 흐름을 확보할 수 있습니다.

또한, 은행에 예치된 15억 원의 정기예금을 거치식 연금보험으로 전환하는 것도 고려할 만합니다. 거치식 연금보험은 비과세 혜택은 없지만, 연금을 개시할 때까지 공시이율로 운용되며, 연금을 수령할 때 원금 15억 원을 초과하는 시점부터 이자소득세를 납부하게 됩니다. 이는 은퇴 후 소득이 줄어든 시점에 연금소득으로 인식되므로, 연금소득 확보뿐만 아니라 금융소득종합과세 제외, 건강보험료 절감 효과를 기대할 수 있습니다.

또한, 개별 펀드나 주식 대신 중개형 ISA 계좌를 활용하는 것이 좋습니다. 현재 ISA 가입 자격은 직전 3개년 동안 금융소득종합과세 대상이 아닌 자로 제한되어 있지만, 비과세와 분리과세 상품을 통해 금융소득을 줄여 이 조건을 맞출 수 있습니다. 향후 ISA 가입 조건이 완화되고 가입 한도가 늘어날 가능성도 있기 때문에 이를 염두에 두고 활용하는 것이 좋습니다.

사례6

현재 만 43세로 육군 소령으로 재직 중인 이순길 씨는 많은 고민 끝에 전역을 결심했습니다. 그는 이미 군인연금 수령 요건인 20년 복무를 채웠기에, 전역 후 곧바로 연금을 받을 수 있습니다. 하지만 아직 중학생인 자녀의 학비 부담이 남아 있고, 전역 후 재취업을 하게 되면 군인연금이 줄어든다는 이야기를 들으면서 마음이 무거워집니다.

■ 기본 정보

- 가족: 배우자, 자녀 1명(중학교 2학년)
- 전역 후 예상 연금: 월 2백만 원
- 연금 외 퇴직 일시금 : 6천만 원
- 금융자산: 연금저축 3천만 원, 정기예금 1억 원

1. 국민연금

이순길 씨는 전역 후 곧바로 군인연금을 받을 수 있어 안정적이긴 하지만, 군인연금만으로는 노후 준비가 충분하다고 보기 어렵습니다.

따라서 전역 직후 국민연금에 가입하는 것이 좋습니다. 군인연금 수급자도 국민연금에 가입할 수 있으며, 10년 이상 보험료를 납부하고 연금 개시 연령이 되면 국민연금을 함께 받을 수 있습니다.

다만 전역 후 가입하는 경우 가입 기간이 짧아 노령연금 수령액이 적을 수 있습니다. 그렇기 때문에 최소 10년, 가능하다면 임의계속가입 제도를 활용해 20년까지 가입 기간을 채워 연금액을 높이는 것이 바람직합니다.

또한 전역한 해에 국민연금에 가입하면 그해에 납부한 보험료에 대해 소득공제를 받을 수 있고, 최장 5년까지 선납이 가능하므로 소득공제 효과를 극대화할 수 있습니다. 이런 방식으로 준비하면 군인연금과 국민연금을 함께 받아 노후 현금흐름을 한층 안정적으로 만들 수 있습니다.

2. 군인연금

사소한 부분처럼 생각할 수 있지만 이순길 씨는 전역일자 선택에도 신경 쓰는 것이 좋습니다.

만약 전역일자를 조정할 수 있다면 매월 1일을 제외한 월초에 전역하는 편이 유리합니다. 군인연금법[30]과 공무원연금법에는 "복무기간은 임명된 날이 속하는 달부터 퇴직한 날의 전날이 속하는 달까지의 연월수로 계산한다"라고 규정되어 있습니다.

예를 들어, 3월 1일에 전역하면 전날인 2월 28일이 속하는 2월까지만 복무월수로 인정됩니다. 하지만 3월 2일에 전역하면 전날인 3월 1일이 속하는 3월까지 복무월수에 포함됩니다. 이처럼 단 하루 차이로 복무월수가 한 달 차이가 나기 때문에, 가능하면 1일이 아닌 월초에 전역하는 것이 유리합니다.

또한 재취업으로 인한 군인연금 감액 규정은 수급권자 입장에서 불리하지만, 실제로는 2025년 기준 총소득금액이 약 7천만 원까지는 감액이

---

30) 군인연금법 제5조 1항

거의 없습니다. 설령 이를 초과하더라도 감액 한도는 연금액의 절반이므로, '연금이 줄어들까 봐' 재취업을 지나치게 걱정할 필요는 없습니다.

3. 개인연금 & 퇴직연금

전역 후에도 개인연금은 가능하면 계속 납입하는 것이 좋습니다. 중도 해지하면 해지환급금에 대해 16.5%의 기타소득세를 납부해야 하는 불이익이 있고, 납입을 유지하면 세액공제를 비롯한 연금저축의 다양한 혜택을 계속 누릴 수 있습니다.

또한 퇴직일시금은 IRP(개인형퇴직연금) 계좌로 이체하는 것이 유리합니다. 2017년 7월부터 군인과 공무원도 IRP 가입이 가능해졌지만, 퇴직 시 퇴직금을 자동으로 IRP로 이체해 주지는 않습니다. 따라서 퇴직금을 수령한 날로부터 60일 이내에 IRP 계좌로 입금해야 하며, 이렇게 하면 원천징수된 퇴직소득세가 IRP 계좌로 입금되어 퇴직금 전액을 IRP에서 운용할 수 있습니다.

사례7

현재 공무원으로 30년간 재직하고 퇴직을 앞둔 김영철 씨는 퇴직금을 연금으로 받을지, 아니면 일시금으로 받을지를 두고 고민하고 있습니다. 주변에서는 연금으로 수령하는 것이 안정적이라고 조언하지만, 그는 퇴직 후 일시금을 받아 작은 가게라도 열어 볼까 하는 생각도 버리지 못하고 있습니다. 연금 수령이 실제로 얼마나 유리한지 판단이 서지 않아, 김영철 씨의 고민은 깊어지고 있습니다.

연금 vs 일시금

당연히 연금으로 수령하는 것이 유리합니다. 공무원연금공단 자료에 따르면, 공무원으로 30년 재직 후 연금으로 월 약 248만 원을 받을 수 있는 경우, 일시금으로는 약 1억 9,688만 원을 받습니다. 단순 계산으로 약 7년이면 누적 수령액이 일시금과 비슷해지며, 우리나라 평균 기대여명을 고려하면 연금이 훨씬 더 유리합니다.

설사 7년이 되기 전에 안타깝게 사망하더라도 남은 가족이 유족연금을 받을 수 있어 생활 안정에 도움이 됩니다. 이는 일시금 수령에서는 기대하기 어려운 장점입니다.

또한, 일시금 일부를 받고 나머지를 연금으로 수령하는 경우도 마찬가지입니다. 예를 들어 월 250만 원의 연금을 받을 수 있는 사람이 일부를 일시금으로 받고 월 230만 원만 연금으로 받는다면, 매달 20만 원의 차이가 발생합니다. 이를 30년 동안 누적하면 약 9,700만 원의 차이가 나게 됩니다. 이는 매년 물가상승률을 2%로 가정해 계산한 것이며, 공적연금은 실제로 물가상승률을 반영해 연금액을 인상해 주는 점이 큰 장점입니다.

　추가로, 공무원연금 수급권자는 단체보험에 가입할 수 있습니다. 단체보험은 무심사 가입이 가능하고, 동일한 보장 내용 기준으로 개별 가입보다 훨씬 유리한 조건을 제공합니다. 그러나 일시금 수령자는 이 단체보험에 가입할 수 없다는 점도 함께 고려하면 좋겠습니다.

사례8

이희영 씨는 올해 36세로, 10년 전 베트남에서 귀화한 한국인입니다. 현재 남편과 결혼해 자녀와 함께 행복하게 살고 있지만, 노후에 대한 걱정이 있습니다. 남편과는 나이 차이가 15년이 나며, 현재는 이희영씨는 전업주부로 국민연금을 납부하지 않고 있습니다. 지금부터라도 국민연금을 가입하고 납부해야 할지 고민입니다.

■ 기본 정보

- 가족: 배우자(51세), 자녀 1명(초등학교 5학년)
- 배우자 직업: 중소기업 회사원
- 배우자 국민연금 예상 수령액 : 월 180만 원

이희영 씨가 국민연금을 추가로 납입하는 것은 꼭 좋은 대안이라고 보기는 어렵습니다. 물론 국민연금은 민간 금융회사에서는 제공할 수 없는 여러 장점을 가진 제도이지만, 이희영 씨가 반드시 고려해야 할 중요한 제도가 있습니다. 바로 '중복급여 조정'입니다.

국민연금을 부부가 모두 수령하게 된다면 노후를 여유롭게 보낼 수 있겠지만, 만약 부부 중 한 사람이 먼저 사망하면 배우자의 유족연금을 받을지, 본인의 노령연금을 받을지 선택해야 합니다. 본인의 연금을 선택하면 유족연금의 30%를 추가로 받을 수 있지만, 실제로는 유족연금을 선택하는 편이 더 유리한 경우가 많습니다. 특히 이희영 씨처럼 국민연금 가입 연수가 짧고 납입액이 적은 경우가 그렇습니다.

게다가 배우자와 나이 차가 크면 다른 부부보다 이 선택의 시기가 더 빨리 다가올 수 있습니다. 반면, 배우자가 공무원이라면 이야기가 달라집니다. 공무원연금과 같은 직역연금과 국민연금은 중복급여 조정이 적용되지 않기 때문에, 이 경우에는 지금이라도 국민연금에 가입해 노후 준비를 하는 것이 유리합니다.

따라서 이희영 씨의 상황에서는 국민연금 추가 납입보다는 연금저축이나 IRP를 통한 노후 준비가 더 효과적인 전략이 될 수 있습니다.

사례 9

백영국 씨(50세)는 현재 공기업에 근무하며 국민연금과 연금저축을 통해 꾸준히 노후를 준비하고 있습니다. 그럼에도 불구하고, 은퇴 후 자신이 목표로 하는 생활비에는 다소 부족할 것으로 예상됩니다. 향후 시골에서 농사짓는 부모님의 농지를 상속받을 가능성이 있는데, 이를 농지연금으로 전환해 부족한 생활비를 보완하는 방안을 고민하고 있습니다. 지금부터 어떤 준비를 하면 좋을까요?

■ 기본 정보

- 농지 소유자: 부친(75세)
- 부친 영농 경력 : 40년

백영국 씨처럼 농지연금을 활용해 노후를 준비하는 것은 좋은 방법입니다. 농지연금을 받기 위해서는 농지를 구입하거나 최소한 임대를 통해 농업경력을 쌓아야 합니다. 하지만 부모님이 이미 농지를 소유하고 있다면 농업경력을 쌓기 위한 절차가 한결 수월해집니다.

농지연금을 신청하려면 국립농산물품질관리원에 농업경영체 등록을 하고, 이를 통해 농업경력을 인정받아야 합니다. 백영국 씨의 경우 부모님과 농지 임대차 계약을 체결한 뒤, 시간이 날 때마다 부모님과 함께 농사일에 참여하면 농업경영체 등록이 가능합니다. 원래 농지 임대차는 한국농어촌공사를 통해 진행해야 하지만, 백영국 씨의 부친처럼 60세으로 영농경력이 5년이상이면 농지소재지를 관할하는 시, 구, 읍, 면 장의 확인을 받고 개인간 임대차 계약[31]을 할 수 있습니다.

이후 상속이 발생하고, 백영국 씨가 최소 5년 이상의 농업인 경력을 보유한 상대라면 농지연금을 신청할 수 있습니다. 물론 주소지가 농지와 인접해야 하는 등 추가 요건도 충족해야 합니다.

또한 국민연금과 연금저축으로 이미 노후 준비를 하고 있지만 일정 기간만 생활비를 보완해야 하는 경우라면, 종신형 농지연금보다 기간을 정해 더 많은 연금을 받을 수 있는 경영이양형이나 은퇴직불형을 선택하는 것이 좋습니다. 특히 은퇴직불형은 직접 농사를 짓지 않고 일정 기간 임대한 뒤 소유권을 이전하는 방식으로, 농지연금 외에도 직불금과 임대료를 함께 받을 수 있어 더 효과적인 노후 재원 마련 방법이 될 수 있습니다.

---

31) 농지법 제23조 1항 제4호, 제24조

사례10

얼마 전 부친을 여읜 김영성 씨에게는 또 다른 고민이 생겼습니다. 부친이 남겨 주신 어머님 명의 아파트에 홀로 거주 중인 어머니가 계신데, 이 아파트를 대대적으로 수리해야 할 상황이 된 것입니다. 오래된 건물이라 수리비 견적만 5천만 원이 나왔습니다. 외벌이로 자녀 교육비까지 감당하는 빠듯한 살림에 큰 부담이 되고, 게다가 어머니 건강이 썩 좋지 않아 수리를 마쳐도 머지않아 요양원으로 모셔야 할지도 모르는 상황이라 고민이 깊어집니다.

김영성씨는 주택연금이 좋은 해결책이 될 수 있습니다. 아파트 수리비는 우선 조달할 수 있는 자금으로 진행하거나 아파트 담보대출을 받아 진행하고, 수리가 끝난 후 어머님이 주택연금을 신청하는 방법입니다.

주택연금 지급 방식에는 인출 한도 범위를 정해 수시로 찾아 쓰고 나머지를 매월 연금으로 받는 종신혼합방식과, 담보주택을 담보로 대출받은 금액을 상환하는 용도로 지급받고 매월 연금을 받는 대출상환 방식이 있습니다. 이 방식을 활용하면 김영성씨의 아파트 수리비 부담을 덜 수 있습니다.

또 매월 받는 연금은 어머님의 생활비에 보탬이 될 수 있고, 만약 요양원에 가신다면 그 비용으로도 활용할 수 있습니다. 주택연금 이용 도중에는 다른 장소로 주민등록을 이전할 수 없지만, 치료를 위해 요양시설에 입소하거나 자녀의 봉양을 받기 위해 다른 주택에 체류하는 것은 예외적으로 인정됩니다. 이런 경우 보증금 없는 월세로 임대를 놓을 수도 있어 요양비 마련에 도움이 됩니다.